記憶する体

伊藤亜紗
Asa Ito

春秋社

プロローグ：究極のローカル・ルール

体について研究する面白さは、合理的に説明がつかない部分が必ず残ることです。

たとえば、私はこの原稿を近所のコーヒーショップで書いています。これまでに執筆した本や記事も、すべてこの店の小さなテーブルで書いてきました。住み慣れた自宅の書斎や職場である大学の研究室で、仕事をすることができないのです。

その理由を言うことはできます。「ある目的のためにしつらえられた場所」が苦手なのです。研究するための部屋にいるとそわそわしてしまって集中できないし、書くための机だと思うと違うことをしたくなってしまう。「しつらえられた場所」にいると、なんだか台本どおりに演じている俳優のような、こそばゆい気分になってしまうのです。

コーヒーショップでは対照的に、空間にまぎれることができます。隣の机では安定期に入った妊婦さんが弟のハワイでの結婚式に出席するべきかどうか友達と議論していますし、反対側では高校生の一団が試験勉強をしています。みんなが私に無関心。こうしたざわざわした雰囲気のほうがかえって自分のするべきことに集中できるし、原稿に行き詰まったとしても、周囲を見回せば、適度に刺激があって筆が進みます。

書くというのはどうしても生理的な側面のある行為です。自分にとって快適な環境を整えなければ、うまく言葉が生まれてきません。

調子の波もあります。いいときは一気に原稿用紙一〇枚以上進むのに対し、そうでないときは一行も進まないままパソコンのバッテリーだけが虚しく減っていきます。

その意味では、書くというのは行為というより出来事みたいなものかもしれません。予定通り、思い通りには決して進まない。波に乗れるか乗れないかは自分のコントロールの及ばないところで決まります。ほとんど賭けのような感覚です。

だからこそ、せめて環境を整えたいのです。自分の体をうまく「乗せる」ために、できるだけのことはしたい。一時期「ノマドワーカー」という言葉が流行りました。私は「ノマドじゃなきゃだめワーカー」。どうしても自宅で仕事をしなければならないときは、キッチンの隅やベッドの上でこっそりラップトップパソコンを広げる「家庭内ノマド」になります。

こんなふうに、私は自分の「書く」という行為／出来事について分析することができます。一〇〇パーセントうまくいかなくても、「自分に書かせる」ための方法をある程度自覚しているし、そこにどのような法則があるか言語化することもできます。

しかし、この私の説明は、明らかに合理的なものではありません。

なぜ、私はコーヒーショップだと原稿が書けるのか？

「しつらえられた場所が苦手」とか「周囲の会話がいい刺激になる」とか、もっともらしい理由をあげることはできました。

でも、それらは決して科学的な根拠に支えられたものではありません。いつ、だれに対しても妥当するような理由ではないのです。「合理性」が「普遍性」を意味するならば、この法則は明らかに不合理なものです。

現に、知人にこの話をしたら、「自分は絶対にコーヒーショップでは書けない」という答えが返ってきました。その人は小説を書くのですが、書くときは必ず自分の書斎にこもる、と。研究室ではどうなのかと聞くと、研究室では鍵をかけても無理なのだそうです。

しかも、書斎にいたとしても、集中するために一時間もの準備時間がかかるといいます。年をとるにつれ、準備時間が次第に長くなってきた、とも。

つまり、その知人には「コーヒーショップだと書ける」の法則は通用しないのです。

私とて、「書ける法則」が、きっと人によって千差万別であろうことは理解しています。「テレビをつけながらじゃないと書けない」という研究者は案外多いですし、「まじめに話を聞いているわけじゃないけど友達と電話しながらレポートを書く」という学生に出会ったこともあります。

しかも、納得しがたいことに、自分と同じ理由で逆の結論にたどり着いている人もいる。「自宅だと刺激があって書ける」とか「コーヒーショップは仕事をする場所という感じで逆に落ち着かない」とか……。


あらためて、なぜ、私はコーヒーショップだと書けるのか？

その理由は、もはや「そうなってるから」としか言いようがありません。

コーヒーショップの法則を支えているのは、私の個人的な経験の厚みだけです。

それはいわば、断崖にあらわれた地層のようなもの。地層がそのような順で重なっていることに、理由はありません。あくまで火山の噴火や地殻変動といった地学的イベントの結果として、そのような地層が出来上がっただけです。

同じように、私のコーヒーショップの法則も、私のこれまでの「書く」という経験が積み重なった結果、そのような法則らしきものができあがっているだけです。

推測を交えて言えば、おそらくたまたま、あるときコーヒーショップで原稿を書いたら驚くほどうまくいった、ということがあったのでしょう（それはたぶん、学部生で卒論を書いていた頃のことです)。

そのうまくいった記憶が、験担《げんかつ》ぎのようなものとして、行為の反復を促します。コーヒーショップに行けば書ける、コーヒーショップに行けば書ける……。そして気づけば習慣は強化されていて、いつしか「コーヒーショップじゃないと書けない」と法則化するに至ったと思われます。

その意味では、この場合の法則は一種の自己暗示のようなものとも言えます。「やなぎの下のどじょう」式に成功体験を反復しようとして、こうすれば書ける、と信じこもうとしているのかもしれません。

重要なのは、そうだとしてもやはり、法則は必要だ、ということです。

いかに他人から見れば不合理な内容だったとしても、私たちは、自分の体とつきあうために、さまざま法則を見出さずには生きていけません。

体は完全には自分の思い通りにならない対象です。落ち着かなきゃと思えば思うほど緊張したり、睡眠不足なのに目が冴えて眠れなかったりする。そんなコントロールしきれない相手とそれでも何とかつきあおうとするためには、仮のものであったとしても、なんらかの法則を見出して対処するしかありません。

法則の中には、「コーヒーショップだと書ける」のような意識的なものもあれば、無意識的なものもあるでしょう。

たとえば口内炎ができたとき、私たちは「口の中でどういうふうに食べ物を運べば痛みが少ないか」の法則を探します。最初は反対側で噛んでみたり、あまり噛まずに飲み込んでみたり、意識的な試行錯誤が続くでしょう。やがてだんだんコツがつかめてきます。

そうすると、次第に意識せずとも「痛まない食べ方」ができるようになります。場合によっては、口内炎が治ったあとも、その食べ方で食べるようになっているかもしれません。こうなると、本来の目的から離れても続けられる、一般には「癖」と言われるような法則になります。

意識的なものにせよ、無意識的なものにせよ、私たちが経験の中で獲得するこうしたルールは、究極のローカル・ルールのようなものです。

体には、「掛け声をかけるとタイミングが合いやすい」のような、ある程度普遍的に妥当する合理的な法則もあります。でもその一方で、その人にしか通用しない、他の人から見ると不合理なローカル・ルールもある。

企業や役所のような社会的な団体のローカル・ルールは、その組織の体質を強く反映します。同じように、体のローカル・ルールが、まさにその人の体のローカリティ＝固有性を作り出します。

この体やあの体のローカル・ルールを記述すること。

その体の、他には代えがたいローカリティ＝固有性の成り立ちを解明すること。

うまく言えないのですが、身体の研究者としていつも圧倒されているのは、実はこの固有性の方なのです。

「圧倒」は、たとえばインタビュイー（取材する相手）と初めて会った瞬間に起こります。

私はこれまで、目の見えない人の体や吃音がある人の体について、当事者へのインタビューをもとに研究してきました。

インタビューをするために、たいていは事前にメールで約束をして、待ち合わせ場所と時間を決めます。その、メールでやりとりしていた人が、待ち合わせ場所に現れる。生の体が持つ情報量は、ものすごいものがあります。

たとえば、エピソード1で登場する西島玲那さんと初めて会ったとき。待ち合わせ場所に現れた彼女は、信じられないくらい大量の荷物を抱えていました。

まず背中にはアウトドアブランドのごついリュックを背負っていました。さらに肩からパンパンに膨らんだショルダーバックを斜めに掛け、脇にはなぜか大きなクマのぬいぐるみを抱えていました。加えて彼女は全盲なので、大きな盲導犬を連れています。今思えば、インタビューに答えるために、いろいろなものを用意してきてくれていたのです。

しかも彼女は、そんな大荷物とは不釣り合いなガーリーなファッションに身を包んでいました。水色のふんわりしたブラウスにギンガムチェックのスカート、髪は背中の真ん中まであるロングヘアです。第一印象は、「不思議の国のアリスが家出してきたところ」でした。「信じられないほどたくさんの荷物」と書いたのは、これまでにお会いした全盲の方は、たくさんの物を持って移動することを嫌う傾向があったからです。ただでさえ盲導犬や白杖が必要ですし、見えない分、物を確認するためになるべく手を空けておきたい。そう考えるのは当然です。

ところが、待ち合わせ場所に現れた玲那さんは、そんな「見えない人の常識」を意にも介していないように見えました。この人の中にあるいったいどんな論理が、この「家出アリス」状態をOKと認めているのか？　目の前に存在する体の成り立ち方への興味で、意識が埋めつくされていきます。

小説ならば、こうした固有性についてダイレクトに語ることができるでしょう。ですが、学問となるとそうはいきません。哲学にせよ認知科学にせよ生理学にせよ、科学であるかぎり、普遍性のある合理的な記述を目指します。「目の見えない人の研究」や「吃音のある人の研究」はできても、具体的な「○○さんの研究」は、よっぽど特権的な例でないかぎり学問にならないのです。

もちろん普遍性を目指すことにも意味はあります。例えば、何らかのモデルが与えられることで、読んだ人がそれを自分に当てはめて考えることができるようになります。けれども、身体の研究として、それだけでは何だか半分な気がする。小説になるギリギリ手前で踏ん張りながら、その体をその体たらしめているパターンのようなものについて、あの「固有性の圧倒」について、科学として扱うことができないものか……。そんなもやもやをずっと感じていました。

本書は、この「もやもや」に対して、私なりに答えをだそうとした本です。そのために選んだのが、「記憶」というテーマでした。いかにして、ある出来事が体に刻まれるのか。刻まれた記憶は、その体においていかに作動するのか。それを「記憶とは何か」という普遍的な問いから演繹して考えるのではなく、個々のケースを丁寧に記述することによって、記憶が可能にしている「その体のその体らしさ」に迫りたいと考えました。

小説は、出来事そのものを扱います。○月○日に○○という出来事があった、ということを書きます。仮に具体的な日付の記述がなくとも、小説は、ある人物にまつわる具体的な出来事を記述する営みです。

一方、本書が扱うのは、出来事としての記憶そのものではありません。特定の日付をもった出来事の記憶が、いかにして経験の蓄積のなかで熟し、日付のないローカル・ルールに変化していくか。

つまり、この本で注目したいのは、記憶が日付を失う過程です。

川が川の動きによって作られていく。同じように、体も経験によって作られていきます。そのようにしてできあがった、としか言いようがない体の歴史と固有性を記述していきます。

具体的には、一二人の方の体の記憶、一一のケースを取り上げます。

彼らは、医学的あるいは社会的には、視覚障害、四肢切断、麻痺、吃音、難病、二分脊椎症などと呼ばれる障害を持っている方々です。ですが、本書の関心は、個々の障害そのものではなく、それぞれの体の固有性です。「△△という障害を持った体」ではなく「○○さんの体」としての迫力に迫ります。

もちろん「○○さんの体」は、実際には○○さんにしか体験できません。本人以外には、本当の意味で「○○さんの体を生きる」ことがどんな感覚なのかは分かりません。

だとしても、その来歴を知ることで、他者の体は未知なものではなくなります。分からないけど未知ではない。変な言い方になりますが、ローカル・ルールを知ることで、単なる圧倒に手応えと敬意が伴うようになります。

また一一のケースは必ずしも関係しあっているわけではありません。それらはあくまで私がこれまでの研究を通じて出会いえたものであって、記憶について解明することを目的として体系的に選ばれたわけではありません。


ただし、一一のケースのうちのいくつかには、共通点もあります。それは、本書が、障害を持っている方の記憶を扱っていることからくる共通点です。

障害を持っている方と関わっていると、「この人の体は本当に一つなんだろうか？」と思うことがあります。物理的には一つの体なのに、実際には二つの体を使いこなしているように見えるのです。

たとえば、先にあげた西島玲那さん。彼女は全盲なのですが、話をしながらメモをとる習慣があります。見えていたときの習慣が、見えなくなって一〇年経っても消えていないのです。見えない体を生きつつ、同時に見える前提で体を扱っています。

あるいは井上浩一さん。彼もまた全盲なのですが、点字を触るとそれぞれの字に対応した色が見えるといいます。見えていたときのある出来事がきっかけで文字と色が独特の仕方で結びつき、それがずっと続いています。見えないにもかかわらず、目がチカチカするのです。

二人に共通しているのは、中途障害者だということです。中途障害者とは、人生の途中で、病気や事故で障害を得た人のこと。今生きているのは障害のある体だとしても、記憶としては、健常者だったときの経験の蓄積があります。

健常者としての記憶が刻まれた体で、障害のある体を生きる。これが、彼らの体が二つあるように見える原因です。「多重人格」ならぬ「多重身体」。一つの物理的な体の上で、健常者の体と障害者の体が重なり、固有のパターンを作り出します。まさに記憶が生み出すハイブリッドな体です。

別の言い方をすれば、それは体の内部に差異を持つことを意味します。一般に差異というとＡさんとＢさんの違いが問題になりますが、ここではＡさんという一人の人の中に身体A_1と身体A_2が共存し、そこに差異が生まれています。

そこからどのような固有のパターンが作り出されるか。それは障害を得た年齢やタイミング、それまでにしていた職業、趣味などによって異なります。本書では、そのいくつかの例をご紹介します。

ただし、体が複数化するのは、中途障害者だけではありません。先天的に障害のある方でもハイブリッドな体を持つ人はいます。

たとえば二分脊椎症のかんばらけんたさん。彼は上半身は健常者と同じように動かすことができますが、下半身は感覚がなく、動かすことができません。まさに、上と下で全くタイプの異なる二つの体を、かんばらさんは生きています。

このようなタイプは先天的なので、記憶には関係ないのではないか、と思われるかもしれません。ところが実際にはそうではありません。

かんばらさんの場合、上半身の経験の記憶が、下半身に染み出す、というようなことが起こります。たとえば痛みの経験。かんばらさんの足は生理的には痛みを感じるはずがないのですが、血が出ているのを見ると、痛いような感じがしてくると言います。上半身で感じた痛みの感覚が、足に起こった出来事を理解するために援用されていると考えられます。

あるいは自分は生まれつき見えなかったり聞こえなかったりするけれど、読書が好きで、本を通じて健常者の見え方や感じ方を身につけた人もいます。このような人は、生理的には障害を持っているとしても、文化的なレベルで健常者の体を獲得した人です。もっとも、必ずしも健常者の感じ方をそのまま受け入れているわけではなく、違和感を感じながら共存させている人もいます。

記憶は、その持ち主が生きていく上で不可欠な道具や土台になることもあれば、妖怪のように居ついて本人を苦しめ混乱させる要因になることもあります。あるいは、役には立たないけど害悪をもたらすほどでもない、微笑ましいノイズとして生に並走することもあるでしょう。位置付けが時間とともに変化し、最初は微笑ましいノイズだったものが、いつしか不可欠な要素になることもあります。はたまた、ないはずの記憶が作り出されることもあるでしょう。

記憶は様々に位置付けられますが、どの場合においても共通しているのは、本人とともにありながら、本人の意志を超えて作用することです。日付を持った出来事が、いつしか日付を失い、やがてローカル・ルールとして体の固有性を形づくるようになるまで。その「ともにありながらともにない」プロセス、体が作られる一一の物語を、これから語ってみたいと思います。

＊　本書では、さまざまな当事者の言葉を引用しています。引用は、私が行ったインタビューに基づくもので、全文は私のホームページにて公開されています。https://asaito.com/research/ および http://phantom.asaito.com

なお、このうち後者のサイトは、ＣＲＥＳＴ「人間と情報環境の共生インタラクション基盤技術の創出と展開」の助成を受けています。

記憶する体◆目次

プロローグ：究極のローカル・ルール　1

エピソード　1　メモをとる全盲の女性

見えなくなって一〇年　26
真空パックされた「書く」　28
アンダーラインが引ける　30
物を介して考える　34
イメージ的なフィードバック　36
机も「見て」いる！　38
絵の中で迷う　41
毎日がはとバスツアー　43
とっちらかった自分を取り戻す　45

エピソード　2　封印された色

「0」＝濃いピンク、「1」＝暗めの白　50
点字を触ると頭がチカチカ　52
頭の中のビジュアルイメージ　54
求めてないのにやってくる　56

色を割り当てる 58
チカチカ現象の原因 59
抽象化の中断 61
封印された色 64
混色できない 66
秘密の花園 68

エピソード3　器用が機能を補う

制御マニア 72
オートマ制御からマニュアル制御へ 74
足を甘やかしていた 77
足の再発見 79
記憶と現実のズレとしての幻肢 81
残るのはフォルムではなく運動の記憶 83
幻肢の指と足の裏 85
切断して器用になった左足 88
利き足の変化 90

エピソード　4　痛くないけど痛い脚

腕に脚の機能もついている　94
階段に吸い付く動き　96
あくまでオートマ制御　98
コタツの中の脚　99
脚に意識を置いておく　101
右脚さんに悪い　104
痛いような気がしてくる　107
ラバーハンド錯覚　109
感覚の予期　111

エピソード　5　後天的な耳

集団的記憶　116
「席数5」のレストラン　118
経験のパターン　119
背中で思い出す記憶　121
雰囲気か追体験か　123
背後に感じる気配　126

推理小説と補聴器 128
文化的構築物としての耳 130
甘えん坊な音 134
「聞こえない」から「聞こえる」 136

エピソード6 幻肢と義肢のあいだ

私の中では右手はある 140
胴の中に入った幻肢 142
刻々と変わる幻肢痛 144
最後の腕の記憶 147
リビングがラボになる 151
面白がれるようになってきた 154
障害とテクノロジー 157
腕の記憶のゆくえ 160

エピソード7 左手の記憶を持たない右手

わざわざバスケ 164
義手との距離感 166

ウチとソトを分けるもの　168
利き手感覚の不在　171
右手が左手を欲してない　173
名前のようなもの　175
義手をいつ使えばいいのか分からない　177

エピソード８　「通電」の懐かしさ

和服姿の求道者　180
読経で自分を起こす　181
動物になろうと思った　184
いざ、幻肢痛緩和ＶＲへ！　186
「通電」がおとずれるまで　190
両手感を思い出す　193
テレビ画面の真ん中に白い手が　196
ストームトルーパーの手と差し替えた　199
ＶＲと禅　200

エピソード９　分有される痛み

「在日朝鮮人三世」×「難病」というダブルマイノリティ 206
痺れる足、薄い手 208
サンドイッチが飛んでいっちゃう 210
どもる体を逸らす工夫 212
夏は焚き火、冬は針に刺される痛み 215
これは自分ではない 216
体からの出られなさ 218
すでに痛みは分有されていた 220
「献身」でも「突っぱね」でもなかった家族 222
痺れてるのに、さらに痺れる（笑） 225

エピソード10 吃音のフラッシュバック

落語のようなしゃべり 230
見るのが怖い 232
一人称を揃える 234
振り子モデル 236
花がしゃべってくれる 239
フラッシュバックの恐怖 241
引き込み現象 243

しゃべるシステムのもろさ　244
自分を超えるものとしての記憶　246

エピソード11　私を楽しみ直す

言葉にならない違和感　250
オートマ制御の機能不全　253
勘を忘れる　255
「記憶する体」にお任せできない大変さ　258
状況の復元　260
客観と実感のギャップをうめるストーリー　261

エピローグ：身体の考古学　267

記憶する体

EPISODE 1

メモをとる全盲の女性

見えなくなって一〇年

インタビューしたとき、西島玲那さんは三〇代に入ったばかりでした。完全に見えなくなったのが一九歳のときなので、それからすでに一〇年以上が経っていました。

彼女の目が急激に見えにくくなったのは、一九歳から少しさかのぼって、高校一年生の夏休みのこと。生まれつき視野が狭い、夜盲、色弱、といった症状があり、一〇歳で網膜色素変性症の確定診断が出ていたのですが、五年経ってそれが発症したのです。

「その日一日で、スポンと見えなくなりました」。彼女のそのときの視野は五度以下になっていたといいます。視野五度と言えば、視線を向けている先にあるものだけが見えている状態。パワーポイントにたとえるなら、ポインターの光が当たっているところだけ見える、といった感じでしょうか。吉野家の看板を見ても、オレンジしか見えなかったと彼女は言います。そこからさらに視力が低下していき、一九歳で完全に失明しました。

ところが興味深いことに、高校一年生で急激に視力が低下したとき、玲那さんは、その変化にすぐには気がつかなかったと言います。「おうちの中で急いでいたので、気がつかなかったです。母とくらしていたのですが、いつもと同じように準備をして、ご飯を食べていました。

家を出て、アパートの階段を降りて、陸に着地したときに『あれ？』と思った。何見てるんだろう、って」。

当時玲那さんは高校の雪上滑走競技部（スキー部）に所属していて、夏休みの練習に参加しようとしていました。しばらく寝込んでいたので、久しぶりの参加になる予定でした。家を出るにあたって、顔を洗ったり、着替えをしたり、朝食を食べたり、といった準備があったはずです。しかし、そのあいだ、彼女は自分の目がほとんど見えていないことに気がつかなかった。それに気づいたのは、ようやくアパートの外の駐車場に出たときでした。

なぜ彼女は気がつかなかったのか？　理由として考えられるのはただひとつ、彼女はもともとあまり見ていなかった、ということです。先述の通り、玲那さんには、もともと見えにくいという症状がありました。それゆえ視覚に対する依存度が低く、周囲を認知するための手段として、視覚の占める割合が相対的に低かったと考えられます。代わりに、触覚や聴覚や嗅覚を使って認知する習慣があった。だから視覚がなくなったとしても、情報量が大きく減ったと感じることはなかったのです。

家の外に出て初めて気づいた、というのも興味深いポイントです。家の中は、外に比べるとはるかに安定した環境です。私も経験がありますが、引っ越した直後は、柱の角や洗面所の角にやたら足や肩をぶつけます。でもしだいに体がチューニングされ、家のサイズや凸凹にあってくる。照明をつけなくてもストーブのスイッチを入れることができるし、机の上にカバンを置くことができるようになります。

つまり、家の中とは、よい意味で「思い込み」が通用する空間です。思い込みで動けるならば、細かく観察しようというスイッチを切ることができる。そもそも細かく観察する必要のない空間だったから、玲那さんは、自分の見え方の変化に気づくことがなかったのです。外に出たとたんに気づいたのは、観察スイッチが入ったためだと考えられます。

ちなみに意外な感じがするかもしれませんが、「失明したことに気づかなかった」というケースは玲那さんだけの特殊なものではないようです。実際、私もこれまでに複数人、そのような人に出会ったことがあります。急な事故でもないかぎり、「気づいたら失明していた」という場合が意外と多い。よく失明をあらわす比喩として、「ろうそくの火が消えるように」という比喩が使われますが、あれは必ずしも正しくないのかもしれません。

真空パックされた「書く」

さて、これが彼女の辿ってきた見え方の変遷の大枠です。インタビューの最初は、たいていこんなふうに、インタビュイーのバックグラウンドを共有するところから始まります。聞き手である私は、どの点についてさらに突っ込んで聞こうか、頭のなかで質問を考えています。

ところがこのとき、私は彼女の話をほとんど聞けていませんでした。まったく別のところに気を取られていたのです。それは、ずっと働き続けている彼女の手、なめらかに動くその手でした。「一九歳で失明、病気の発症が一五歳、確定診断が一〇歳……」。彼女は話しながら、ずっと手元の紙にメモをとっていたのです。もちろん視覚を使わずに。

大枠を話し終えた時点で、紙は数字や線や文字で埋め尽くされていました。「15→16＝高2→1985→30歳」と段階を示す年齢が座標軸のように書かれ、横にそのときの居住地や感情が書き加えられています。

書いているあいだ、玲那さんが指で筆跡を確認することはありませんでした。傍目には、目の見える人がメモを取っているのと何ひとつ変わらない手の動き。見えなくなって一〇年間、書く能力がまったく劣化せず、鮮度を保ったまま真空パックされているかのようでした。

使われているのは、A5サイズに折られた広告の裏紙と、先の少し丸くなった鉛筆。席に通されるなり（彼女は「家出アリス」状態です）、かばんからチラシの裏紙の束と鉛筆を取り出したので、ハテナと思っていたのですが、あまりに自然にメモを取り始めたので、思わず質問するタイミングを失っていたのです。

聞けば、彼女は記録のためというより、自分の話を整理するためにメモをとっている、と言います。「ふつうにみんなやりません？　たとえば家の場所を説明するときに、地図を描くような感覚です。しかも女の人って話が逸れるから、ここのスーパーがどうとか、線路がどうとか、こっちのカフェがオススメとか、話があっちこっち跳ぶ」。

　もともと見えていたときから、彼女は自然に手が動くほど書くのが好きだったそうです。「書くという動作が好き……というか好きかどうか考えたことすらなかったです。（…）小学校のころの趣味は、お姉ちゃんが持っている広辞苑を盗み見して、化学式を全部書いていくということでした。今だったらH_2Oが水だと分かるけれど、当時は『何だこれは！』と思って写してました」。そして六年間かけて、彼女はついに広辞苑一冊分の化学式を写したと言います。

　それにしても、A5サイズというのは、場所としてはかなり小さなスペースです。この小さな紙の上で、的確に字を置いていくのはかなり難しいように思えます。いったいどうやって視覚を使わずに、この紙を自在に使いこなしているのだろうか……。自分の手がどれだけ動いたか、その移動距離で位置を確認しているのかもしれない。そう思って彼女に質問すると、「な〜んも考えてない」と笑い声が返ってきました。

アンダーラインが引ける

確かに、ただ鉛筆を動かすだけであれば、運筆の記憶がありますから、字を書くこともできそうな気がします。運動の熟達はしばしば視覚の排除を伴うからです。

たとえばボタンかけ。目で見ながらでなければボタンを留められなかった子供も、成長するにつれて、手元を見ずに、たとえば背中についたボタンでさえ留めることができるようになります。日常生活の大部分は反復的な行為から成り立ちますから、「見ない」傾向はしだいに増大します。先ほどの「先明に気づかなかった」という話とも関連する現象です。

ところが、玲那さんはただ鉛筆を動かせるだけではないのです。何と、さっき書いた場所にもどって、強調するために文字や数字を丸で囲ったり、アンダーラインを引いたりすることができるのです。

先述のとおり、その間、玲那さんが紙を手で触って、書かれた文字や数字の痕跡を確かめることはありません。「レーズライター」という、視覚障害者用の筆記用具がありますが、これは薄いセロファンにボールペンで書く仕様で、触覚で筆跡を確認します。

ところが玲那さんが使っているのは、タネも仕掛けもないチラシの裏紙と鉛筆。まさに「見えているように」としか言いようがないほど自然に、数分前に書いた文字にリーチできるのです。

この能力がさらに発揮されるのは、地図を描くときです。地図とは、文字や図形が書かれた位置こそが意味を持つ書記です。家が、道として引いた線のどちら側にあるのか。線路は、その道に対してどういう角度で交わっているのか。要素間の空間的な関係は正確でなければなりません。玲那さんは、こうした地図も、やすやすと描いてみせるのです。

それまでに書いた要素にリーチできるということは、玲那さんが、紙に書かれた内容を頭のなかで映像的にイメージしていることを意味します。つまり、玲那さんは手の運動の記憶をただ再生しているわけではなくて、まさに紙を「見ている」のです。

その証拠に、書くときに文字のスタイルを意識することがあると言います。「自分の名前を斜めに書いたりすると、イメージが浮かびます。賢そうに見せたいときは、賢そうな字体で書きます」。つまり玲那さんの中では、文字は抽象的な意味に還元されない、形をもった視覚的イメージなのです。

見えていた一〇年前までの習慣を惰性的に反復する手すさびとしての「書く」ではなくて、いままさに現在形として機能している「書く」。私がまず驚いたのはそこでした。全盲であるという生理的な体の条件とパラレルに、記憶として持っている目の見える体が働いている。まさにダブルイメージのように二つの全く異なる身体がそこに重なって見えました。

確かに体には可塑性があり、障害を得た前後で体のOSそのものが更新されるような変容が起こります。障害を受けた部分だけではなく、それをカバーするように全身の働き方が変わるのです。このことは脳科学によってもさまざまな事例が報告されています。たとえば、全盲になると、脳の視覚野が、見るためでなく点字を理解するために使われるようになる場合があります。

ところが、一〇年間真空パックされた玲那さんの「書く」能力は、このような変容に対して全く逆行する例です。もちろん、玲那さんの体にも可塑性があり、失明によって変容した機能もあるはずです。視覚が使えなくなった分、反響音を利用して空間を把握する力は、格段にアップしているでしょう。

けれども少なくとも「書く」という行為については、失明という要因によって変化を被ることなく、むしろそのまま保守されている。むしろ、ＯＳが書き換わっているのに、従来のアプリケーション（＝書く）がそのまま動き続けていることに驚きを禁じえません。

プロローグでお話したように、そこにあるのは、見える体と見えない体の二つを使いこなす「多重身体」とでもいうべき状態でした。視覚の喪失という身体的条件の変化によって劣化することのない、現在形の「書く」。それはまるで一〇年という長さをショートカットして、ふたつの時間が重なったかのような、不思議な感覚でした。

物を介して考える

「書くという運動」と「書かれたもののイメージ」がセットになって現在形の「書く」が成立する。このことについてもう少し考えていきましょう。

私たちは、書くことに限らず、何らかの行為をするとき、感覚として知覚した情報を手がかりに、運動を微調整しています。陸上の一〇〇メートル走で自分のコースをまっすぐ走れるのは、地面に引かれたラインを見て、そこからはみ出ないように着地する位置を調節しつづけているからです。

この知覚情報の運動へのフィードバックが、人の体と空間を結びつけます。このようなリアルタイムの運動調整を実現するうえで、視覚が重要な役割を果たしているのは言うまでもありません。

運動のなかでも、とくに「書く」は、非常に複雑なフィードバックのシステムを持ちます。陸上のラインに沿って走る場合と違って、「書く」は意味を生み出す運動だからです。もちろん、「書く」にも、鉛筆を持つ時の位置や長さや筆圧など、純粋に運動レベルのフィードバックのシステムがあります。けれども、それには還元できない、意味に関わるフィードバックのシステムが、「書く」には存在するのです。

たとえば、筆算をする場合を考えてみましょう。287×859という掛け算は、多くの人にとっては暗算では困難な計算です。しかし、紙と鉛筆さえあれば、小学生であっても解くことができます。つまり、暗算ではできない思考も、筆算によって、つまり「書く」ことによってならできるのです。

暗算で行う場合、私たちはすべての計算のプロセスを頭のなかに保持しつづけなければなりません。けれども筆算の場合には、大きな計算のプロセスを小さなプロセスに分け、書かれた文字に対して足したり掛けたりといった機械的な操作を行えばよいことになります。「書く」は「考える」を拡張する手段になるのです。

ここにあるのは、紙に書かれた情報と対話するようにして進める思考のあり方です。もっとも、こうした対話の相手は必ずしも「紙」には限りません。計算をするにしても、「そろばん」を使うこともあるかもしれないし、算数を習いたての子供なら「おはじき」を使うでしょう。

いずれにせよ重要なのは、私たちが何らかの物を操作し、その結果を視覚的にフィードバックすることによって、思考を容易にするということです。体と物と視覚のあいだにも、思考が存在するのです。

思考というと、頭のなかで行う精神活動のように思われがちです。しかし必ずしもそうではありません。

認知科学者のアンディ・クラークは、テトリスの例をあげながら、この能力について語っています。[★1] テトリスをプレイするとき、私たちは落ちてきたピースをくるくる回転させます。あるいは左右に平行移動させてみるかもしれません。

こうした操作をなぜ行うのかといえば、とりもなおさず、「考えるため」です。どの向きでピースをはめれば、画面の下に堆積しているブロックがつくる谷の形に適合するか。あるいは、さまざまな谷のどこにピースをはめ込むのが、最適な選択か。

落ちてくるピースをただ眺めていただけでは分からないのに、それを回したり移動させたりすれば、おのずと答えが見えてきます。私たちは「見ながら考える」、つまり視覚的なフィードバックを組み込むことで、自分の脳だけではとうていできないような複雑な思考を、簡単にこなすことができるのです。クラークが言うように「内部システムと外部システム（脳／中枢神経系とスクリーン上の操作）は単一の統合計算ユニットのように、一緒になって機能している」[★2]のです。

イメージ的なフィードバック

このように目の見える人たちは、物と体を視覚でつなぎながら、運動のさなかにリアルタイムの調整を行ったり、思考を容易にしたりしています。

一方、目の見えない人の場合、こうした視覚的なフィードバックは、運動レベルにせよ、意味レベルにせよ、ふつうは用いることができません。視覚を通して入ってくる情報がないために、本来的に、空間と体が切り離されがちなのです。

ガイドなしで一〇〇メートルまっすぐ走るのは不可能に近い業《わざ》ですし、道に迷ったりすると、周囲の様子が分からず白紙の上に立っているような感覚になるという人もいます。もちろん、聴覚や触覚を使って空間の様子を把握することはできます。しかし、リアルタイムのフィードバックとなるとやはり視覚は優位です。

ところが、玲那さんの「書く」は、運動と意味の両面において、視覚的なフィードバックの経路に組み込まれています。それまでに書いた文字にリーチできるという点で視覚的な運動制御がそこにはありますし、書くことで頭の中が整理されるという点で、意味的な制御にも関わっています。

もしこれが単なる「運動記憶の再生」であったなら、決められたプログラムのように、周囲の空間や思考とは無関係に発動するはずです。ところが、玲那さんの「書く」は、環境のなかで、思考と関わりながら行われている。これが、玲那さんの「書く」が現在形であるゆえんです。

もっとも、視覚的なフィードバックといっても、玲那さんの場合は文字どおりの視覚を用いているわけではありません。ですから、正確には「イメージ的なフィードバック」とでも言うべきものかもしれません。玲那さんは、あくまで、頭のなかにメモのイメージを思い浮かべ、そのイメージを手がかりに別の文字や線を書き加えたり、あるいは考えを進めたりしているのです。

もっとも、目の見える人だって、こうしたイメージ的なフィードバックを行います。手元に紙がなければ、頭のなかに筆算のプロセスやそろばんの珠をイメージして、それを手がかりに計算をするでしょう。

とはいえ、イメージのベースにあるのは視覚です。視覚的な経験がもとにあるから、筆算のイメージやメモのイメージが作れるのです。この意味で、イメージ的なフィードバックも、視覚的なフィードバックの一部であると考えることができます。

机も「見て」いる！

面白いのは、それでもやはり、玲那さんが実際に紙を使って書くことをやめないという点です。見えないのだから、ただ頭のなかに「書いて」いけばいいじゃないか、などと思ってしまいますが、玲那さんにとってはそうではない。頭のなかにイメージを思い浮かべるのと、書いたものを頭のなかでイメージするのでは、決して同じことではないのです。

その証拠に、玲那さんは、デッサンなどをする場合に「黒い紙に白いペンで描く」のを好みます。ちょうど、黒板にチョークで線を引くような色の組み合わせです。

なぜそうするのか。彼女に理由を訊くと、「そのほうが見やすいから」。耳を疑ってしまうような理由ですが、白は膨張色であるため、紙の輪郭がはっきりせず、どこに描いているのか分からなくなってしまうのだそうです。「頭の中で、白い紙の輪郭がはっきりするには、机が真っ黒じゃないと境界線が分からない、と迷子になっちゃったんです。じゃあ、黒だったらと思ったら、黒は膨張色じゃないので、紙の端っこが捉えやすくなった」。

もともと、自らを「文房具大臣」と呼ぶほどに文房具に興味があったという玲那さんですから、紙にこだわるというのもあるのかもしれません。けれども、ここにはそのこだわりだけでは説明できない、玲那さんならではの「見方」があります。

そう、先の説明から分かるように、玲那さんは書くときに「机」までをもイメージしているのです。玲那さんの想定では、机は白っぽい色をしています。黒い紙が「見やすい」のは、この机とのコントラストが際立つから。

「もちろん、白い紙を見せられて『黒だよ』と言われたら騙されると思う」と玲那さんは笑います。けれども確実なのは、玲那さんが、自分が書いている文字や数字だけではなくて、紙や机、もしかしたらその向こうにある床や壁をもイメージしようとしているということです。まさに見るようにイメージを構成しているのです。

これは、目の見える人が紙を使わずに頭のなかで筆算するときのイメージとは異なります。頭のなかで筆算するとき、その数字はおそらく紙に載ってはいないでしょう。ましてや机の天板が見える人はいないと思います。現れるのはかなり抽象化されたイメージにすぎません。そこには、「見にくい」という程度の問題は生じません。

一方、玲那さんのイメージは非常に具体的です。今まさに椅子に座り、鉛筆を動かしている自分の体性感覚と結びついた、具体的な空間のイメージのなかに、玲那さんはいるのです。

もちろん、中途失明者のなかにはイメージを用いる人はたくさんいます。前から人の声がすると「棒人間みたいな人型のピンがあらわれる」とか、反響音を感じると「そちらに壁っぽいものがあらわれる」といった、非視覚的な情報をイメージに「変換」して把握するのです。

けれども、そのイメージは見えなくなってからの時間が長ければ長いほど抽象的で、記号的なものになりがちです。玲那さんは、もともと自然に手が動くほど書くことが好きで、見えなくなってからも日常的に書く習慣を続けてきたからこそ、「見えるようにイメージする能力」

が高まったのかもしれません。

絵の中で迷う

日常的にメモをとる玲那さんですが、メモだけでなく絵を描くこともしています。油絵具で描いた犬、コンテで描いたイルカ、ペンで描かれた女性……。画材もモチーフもさまざまで、なかには「エキゾチックジャパン」「コンクリートジャングル」といったちょっと笑えるタイトルがついた抽象画もあります。毎日のように描いて、目の見える知人に写真を送っているそうです。

面白いのは、絵を描くときにも、玲那さんが「描いたものとの対話」をしていること。つまり、最初から完成したイメージを持ってそれを実現するべく筆を走らせるのではなく、即興的に、描きながら絵を作り上げていくのです。

「雰囲気みたいなものがどんどん動いていっちゃうから、一本だけ線を決めて、あとは、木炭や鉛筆など使ってる画材の効果を試しながら描いていきます。何も考えずに、とにかくいっぱい描く」。

「雰囲気が動く」とは、まさに玲那さんが単なる運動感覚ではなく、画面全体をイメージしながら描いていることの証拠でしょう。メモをとるときと同じ「見ながら考える」のフィードバックが、ここでも働いています。しかも、絵の場合には、画材がさまざまですから、「物」と「体」のあいだの情報量も増大します。

まず、紙の上に線を一本引いてみる。それが女性の髪の毛に見えたら、脇に目を加えてもいい。鼻筋を描き、陰影をつけてみようか。場合によっては輪郭は省略してしまってもいい――玲那さんの絵はそんなふうに出来上がっていきます。

いわば、将棋の駒を一手一手打っていくような感覚。駒は配置によって戦力が変化しますから、ある一手がうまくいけば他の駒も生きるし、失敗すれば死んでしまいます。

でも、玲那さんは「楽しさと苦しさ、どっちが来てもいい」と言います。「迷子になりそうになって悶絶しながら描くこともあります。迷子になった理由を考えてもしょうがないので、次に描くときは、そこをもっとズームアップしたりして描いたりしますね。悶絶しているあいだにモチーフの新しい面を発見できるんです。わりと無になっている感覚がちょうどいいんです」。

「無になっている感覚」とはまさに、頭の中でなく、描かれたものとの関係のなかで思考が進んでいる状態でしょう。モチーフをとらえるために「ズームアップ」という視覚的なスケールの操作を行うことも興味深い点です。

ここで注目したいのは、玲那さんが「苦しさが来てもいい」と言っていることです。つまり、次の一手をどう打ったらいいか分からず、「迷子になってもいい」。それは玲那さんが絵を描く理由にも関係しています。

毎日がはとバスツアー

目が見えなくなって、玲那さんは毎日が「はとバスツアー」になってしまったと言います。「視覚障害者に関わったことのある方って、言葉で丁寧に説明してくださるんですよね。それを聞いて理解するというのも、自分にとってはトレーニングだと思っていた。たとえばトイレにしても、もっとざっくりした説明でいい、それより早く用を足したい、と思っていても、『トイレットペーパーがこちらで、流すのがこちらで、ここがドアノブ、ここが鍵……』といった感じで細かく教えてくださる」。

先述のとおり、目が見えない人は空間と体が切り離されがちです。このギャップを見つけると、晴眼者はそれを「危険」と感じて指示の言葉をすべりこませます。「右手にコンビニが……」「足元に段差が……」。その言葉はいわば見えない人の体を安全に取り囲む保護膜のような役割を果たします。

それはもちろん親切な介助ではあるのだけれど、当事者からすると過剰に感じられることもある。トイレの中で玲那さんが「早く用を足したい！」と我慢しているのも知らず延々と説明を続ける介助者。玲那さんも、それが親切心ゆえであることを知っているので、相手の言葉を遮ることができません。まるでコメディのようですが、きっとどこにでも起こっていることでしょう。

結果として起こるのは、障害がある人が、障害がある人を演じさせられてしまう、という状態です。「障害を持った方としてのステイタスをちゃんと持たないと、どんどん社会不適合者になっていくなと思って、言葉で説明していただいたものを『はい』『はい』と聞いていました。『ちょっと坂道になっています』とか、毎日毎日はとバスツアーに乗っている感じが（笑）、盲の世界の窮屈なところだったんですけど、それに慣れていくんです」。

そうなると、周囲を知覚するにしても、自分の感覚で情報を得て構成するのではなく、介助者の言葉によって世界が作られるようになります。見えない人を守るための保護膜であったはずの介助者の言葉が、見えない人を世界から切り離す隔離壁になるのです。

「言語化したものから理解するコツが分かってくると、覚えようとしなくても、頭に入ってくるようになった。色についても、青そのものの感覚より、そういう『○○のような青』という言葉のほうが先に立つようになってきたんです」。

それは自分の感性で感じる、世界に直接触れる手触りを失っていく過程です。感覚に対して言葉を探すのではなく、言葉に対して感覚を再生する状態。便利だけど後追い中心のはとバスツアー的リアリティのなかで、玲那さんは、次第に自分自身のことも見失っていきました。

とっちらかった自分を取り戻す

障害者というお客さんを演じているうちに、玲那さんは「自分がとっちらかってしまった」と言います。

「目が見えなくなって、とっちらかったんですよね。自分の自我が崩壊するというか、分裂したんです。いろんな側面を持っていないと、いろんな人のガイドを受け入れられない。大人になってからの九年ほどは、そのことにすごく苦悩しました」。

「『障害者は障害者らしく』みたいなものがあって、『いや、大丈夫です』と言うことが失礼にあたるんじゃないかということをどこか頭で考えていた。楽なんだけど楽じゃないという感じがあった」。

確かに見える人は親切だし、介助を受けているのは楽です。けれどもひとつひとつの介助は、必ずしも玲那さんのニーズにあっているわけではありません。むしろその人のやりたい介助に自分を合わせるような「受け身のうまさ」が求められることになる。そうこうしているうちに、玲那さんは、自分が誰だか分からなくなる、アイデンティティの危機に直面します。

そんな傷ついた状態にあって、まさに絵を描くことが、玲那さんにとってのリハビリでした。時間が、絵を描くことによって巻き戻るのです。「絵を描くことをつきつめようとすると、自分のアイデンティティがだんだん一五歳ころの見えていたときに戻っていきます」。

なぜ、絵を描くと一五歳のころに戻ることができるのか。それは単に、「見えていた頃に戻る」以上の、自己確認の意味を持つ作業でした。

「ものを作るという作業をしていくと、自分が何を求めているのか、何を知りたいのか、ということの基盤が、見える／見えない、サポートしてほしい／してほしくないということとは別に具体化していくんです」。

これはおそらく、ものを作ることの根源に触れるような感覚でしょう。ものを作るとは小さな迷いと決断の連続です。この線をどうのばそうか、口を描き込むのかどうか、ぼかしを入れるのかどうか……。問いかけるのも自分なら、答えるのも自分です。失敗したとしても、その責任を自分で引き受ける自由がある。

日常生活では、望む／望まないにかかわらず言葉を与えられる側にあった玲那さんが、絵を描いているときは、誰にも煩わされず、自分で判断をくだすことができる。だからこそ、「絵の中で迷うこと」が意味を持つのです。

迷うことのなかで、自分の欲望をひとつひとつ具体的に確認することができる。それを支えているのは、人がものを書くときに発動する、「物を介して考える」のフィードバック・システムです。それは玲那さんにとって、いかなる他者の干渉をも排して試行錯誤の快楽に閉じこもることを可能にしてくれる、至福のサーキットです。

このように考えてくると、玲那さんがなぜ体を多重化させているのか、その意味が見えてきます。

玲那さんは生理的には視覚を持たない体です。でも同時に、見えていた一九歳までの体を、高精度で保持しています。それは単なる「見えていたときの記憶」ではなくて、まさに現在形で発動する、「見える体ならではの機能の保持」です。

もし玲那さんが、「見えない体」しか持っていなかったら、その体で生きることの社会的な意味、あるいは実存的な意味に押しつぶされていたことでしょう。けれども、書く行為に没頭することで、玲那さんはそこから一時的に自分を解放しています。

「書くこと」を通して、玲那さんは自分の体と物理的な環境をダイレクトに結びつけ、他者が介入しない自治の領域を作り出します。いわば、社会的な関係をオフにして、世界との関係をオンにするのです。書く能力を保持することは、玲那さんにとっては、一時的な自律状態を作り出す手段なのです。

「書くこと」がそのような力を持ちえたのは、やはり玲那さんが見えていた頃からそれを好んでいた、という特殊な事情が大きいでしょう。だからこそ、書くという行為が持つ力を、存分に利用することができた。まさに玲那さんの体の固有性の核に、「書く」という行為がありま す。

もちろん現実には、さまざまな介助の手を借りてでないと日常生活が成り立ちません。玲那さんはそのことについて声高に怒るわけでもないし、あるいは逆にその現実になじんで「障害者」になってしまうわけでもありません。身体を多重化させることによって、玲那さんは環境と自分をつなぎなおし、社会と自分をつなぎなおしているのです。

★1　アンディ・クラーク（池上高志、森本元太郎　監訳）『現れる存在――脳と身体と世界の再統合』ＮＴＴ出版、二〇一二年、八八―九〇頁。なお、クラークの議論は、Kirsh, D. and Maglio, P. "On distinguishing epistemic from pragmatic action," *Cognitive Science* 18, pp.513-549, 1994 にもとづくものです。

★2　前掲書、九〇頁

封印された色

EPISODE 2

「0」＝濃いピンク、「1」＝暗めの白

井上浩一さんは、点字を使いこなすことができます。

目が見えない人といえば点字、というイメージがありますが、近年では、点字が使える視覚障害者は必ずしも多くありません。音声読み上げ機能によってパソコンを使いこなせば、点字が読めなくても情報の入手には困らないからです。

特に成人してから突然見えなくなった人の場合、点字を読むことはできても、それはせいぜいラベルの文字を読む程度。日常的に本を読むにはかなりの速さで点字を読める必要がありますが、そのような能力を持っている人は多くありません。

しかし井上さんは、インタビューのあいだも、ピンディスプレイに表示される突起を指で追いながら質問に答えてくれました。

「ピンディスプレイ」とは、点字を表示することができる触覚用のディスプレイのこと。ベースは痛くない剣山のような仕組みで、「あ」なら「あ」を表す点の配置を、下からピンをせりあがらせることによって表します。

ピンディスプレイには書き込み機能もついているので、井上さんにとっては点字版電子手帳

のようなものです。事前にメールでインタビューの質問事項をお送りしていたので、答えのメモを準備してくれていたのでした。

インタビュー当時井上さんは四〇代で、インフラエンジニアとして企業で働いていました。六歳のときに完全に見えなくなったので、人生の大部分を全く見えない体で生きてきたベテランです。小学校に入ってすぐに点字を学び、その後の学業のすべてを点字で身につけてきました。

ところが井上さんは、この点字を読むときの感覚が普通の人とはいささか違っています。何と、「頭の中にいろいろな色があられる」と言うのです。

「数字だと、『0』が濃いピンク、『1』が暗めの白、『2』が『0』より赤みが強い赤、『3』が黄色、『4』が緑、『5』が薄青、といった感じで、不思議なんですよね。点字を触っても、あるいは人の名前を聞いてもそれが点字に変換されて、頭の中で色付きでイメージされるんです」。

つまり、数字や文字のそれぞれに対応する色があり、点字を読むとその色が頭の中に浮かぶと言うのです。

しかも、複数の文字や数字に同じ色が対応していることはなく、すべてが異なる「一対一対応」になっているとのこと。「たとえば数字にも赤っぽいものがいくつかありますが、それぞれ違う感じがします」。

点字を触ると頭がチカチカ

数字や文字に固有の色が対応しているといっても、触った点字の点を色つきの点として感じるわけではなく、また対応する墨字の数字や文字（晴眼者が使う「1」や「あ」のフォント）がその色でイメージされるというのでもないそうです。

純粋に、対応する色が頭の中でパッと出てくる。「そういえば、「点字を読んでいると、頭の中が」チカチカしますね」。点字を読むときにはかなりのスピードで指を移動させていきますから、ものすごい速さで色が明滅することになります。

比喩的に言うなら、頭のなかの「照明」が切り替わるという感じでしょうか。「そういえば」と言うからには、井上さんにとってこの「チカチカ」はもはや自然なものなのでしょう。ですが、想像すると、何だかサイケデリックに照明が変化するダンスフロアのようなものを連想してしまいます。

これは、通常の共感覚からすると、やや特殊な感じ方です。

共感覚とは、たとえば「音に色を感じる」といったような、ある刺激に付随して別の種類の感覚刺激を感じること。確かに井上さんのケースもあてはまるように思えます。無意識的に、いつも同じ組み合わせで現れる法則性があるところも似ています。

確かに「数字や文字」と「色」という組み合わせは、さまざまな共感覚の中でも報告例が多く、代表的な共感覚のパターンだとされています。けれども、その重なり方を見ていくと、一般的な共感覚のケース（つまり晴眼者のケース）と井上さんのケースでは明確な違いがあるのです。

一般的な共感覚では、たとえば「0」と「ピンク」が結びつく場合、「0」という数字がピンク色に見えると言われています。白黒で印刷した書類が、カラーで印刷したように見えるわけです[★1]。

ところが井上さんのケースは、先述のとおり「0」を意味する点字なり数字なりがピンク色になるわけではないのです。あくまで頭の中にその色が思い浮かぶだけ。「頭の中の照明が切り替わる」感じです。結びついているのは「触覚的な刺激」と「色」ではなくて、「文字や数字の概念」と「色」なのです。

井上さん自身、「不思議だ」と感じていますし、この「チカチカ」は、文字を追ったり、文の内容を理解したりするうえで、何かの役に立っているわけではないようです。

そもそも、現れるのは単語の意味とは全く関係のない色です。「単語には色はなく、たとえば『うし（牛）』に色はありません。黒っぽい『う』と、深くない青の『し』、つまり『5』とは何かが違う感じがする『し』の、それぞれの色があるだけです。実物の牛が白と黒だということとも関係がありません」。

つまり「チカチカ」は、読むという行為にとっては役に立たない、いわば「オマケ」のようなものなのです。もしかすると、オマケを通り越して「ノイズ」になってしまう可能性もあるでしょう。

そんなカラフルなオマケあるいはノイズが、目で色を見なくなって四〇年近く経ってもなお、井上さんのなかで鮮明に保持されている。それはやはり奇跡に思えてなりません。

頭の中のビジュアルイメージ

でも、こんな反論がありえるかもしれません。「井上さんは見えなくなって長いのだから、物を色つきでイメージする習慣がそもそもないのではないか。だから物としての点字が色付きで見えるのではなく、照明が切り替わるように頭の中がチカチカするのではないか」。

これに関しては、私も気になって井上さんに確認してみました。するとどうやら井上さんはふだんから、仮にそこが初めて行く場所や初めて触れる物であったとしても、カラーでイメージする習慣がある、ということが分かりました。

「自分の中で勝手にビジュアルのイメージを作っているところがあります。といってもこれは見えている人のビジュアルイメージほどはっきりしたものではないんですが。たとえば、道路があったら、道路はアスファルトの色をしているだろうな、と想像します」。

まず、井上さんは周りの物や環境について、頭の中にその視覚的なイメージを作り上げることで理解しています。車のクラクションが聞こえたらそれは音のままではなく車のイメージに変換され、手元にコップがあったらその陶器の質感やサイズが対応するイメージに変化される。しかも、それがしばしば色つきでイメージされています。

ちなみに、こうしたイメージは先天的に全盲の方にはありません。以前、先天的に全盲の方にインタビューしたことがありますが、その方は「イメージ」ということをそもそもしていない、と語っていました。

つまり、自分が行動するのに、机がどうなっているか、ドアがどちらにあるか、といった物や環境の視覚的なイメージが必要ないのです。目の見える人からすると、目の前が良く見えない状態で行為するのは強い恐怖心をかき立てますが、先天的に全盲の方にはそのような前提がそもそもない、ということです。

いずれにせよ、小学校に入るまでの六年分の「見た経験」をもつ井上さんは、先天的に全盲の方とは異なり、情報を視覚的に変換して理解する習慣がある。しかもそれはしばしばカラーでイメージされます。

求めてないのにやってくる

もちろん、それが現実に即して正確な色であるかどうかはまた別問題です。先に井上さんが言っていたように「自分の中で勝手にビジュアルのイメージを作っているところがある」。

この「勝手に作る」部分に、見えていたときの記憶が動員されます。たとえば机。「この机は、材質が木なので、実際にどうであるかとは別に、頭の中で木の色をイメージしています」。つまり、触ったときに木目が感じられたので、見えていたときの記憶から「木製なら茶色だろう」という推測がなされ、色が作られているのです。

このことは、井上さんにとって、「色を見る」ことが「記憶の想起」であることを意味しています。

確かに井上さんはおそらく生理的な意味で、つまり神経的な意味で、色を「見て」はいます。つまり、単に言葉のレベルで「机は茶色である」という知識を持っているのではなく、ある種の感覚的質を伴う仕方で、机が茶色であることを理解しています。ひとことで言えば、机を茶という色でイメージしています。

けれどもこの「茶」は、現在形の、つまり物理的な対象がある茶色ではない。あくまで井上さんが机について持っていた記憶から生じた、主観的な「茶」です。それは思い出された、想起された「茶」です。

注目すべきなのは、この場合の想起が、九九のように努力して思い出されるようなものではない、ということです。「机って何色だっけ？」などと、記憶に問いかけて推理する必要はないのです。

むしろ、それは求めずとも向こうからやってくる。あえて言えばその必要もないのに、色が不意に思い出されるのです。むしろ、「よみがえる」と言ったほうがいいかもしれない。主観的なものでありながら、必ずしも能動的でないところが記憶の面白い点です。

この「求めてないのにやってくる」感じがよく分かるのは、井上さんが色を見るタイミングです。井上さんは常に色を意識しているわけではない。それが見えるのは、「一瞬の間みたいなとき」だと井上さんは言います。

「触ったときや、一瞬の間みたいなときにイメージしますね。集中していることから離れて、広い範囲に意識を向けたくなることがあります。そういう瞬間に、ぼやっと、ああ、ここはこうだったな、とイメージします」。

物に触れた瞬間や注意を切り替えるときの一瞬の間。そのとき井上さんは、明らかに、「何色だったっけ？」などと考えてはいません。別に色の情報が必要だったわけではない。にもかかわらず、そんなふとした隙間に差し込むようにして、不意に色が見えるのです。「ぼやっと、ああ、ここはこうだったな、とイメージする」という言い方も、それが向こうからやってくる記憶であることを表しています。井上さんが「自分の中で勝手にビジュアルのイメージを作っている」というとき、その勝手さはまさに「自動的」に近いような勝手さでしょう。ブロックを組み立てるように、能動的に作り上げているのではない。放っておいても、自ずとイメージができあがるのです。

色を割り当てる

とはいえ、この勝手に作られるイメージは、能動的な関わりを排除するほど頑固なものではありません。作られたイメージが間違っていたら、それは自在に更新することが可能なのです。

その感覚を、井上さんは「割り当てる」と表現します。インタビューのときに、ＩＫＥＡのプラスチック製のコップに冷茶を入れて出したのですが、そのコップがブルーだと伝えると井上さんはこう答えました。「あ、ブルーなんですね、今割り当てました（笑）。でもそのうち忘れると思います」。

以前、別の全盲の方が、東京の中央線のデザインがずいぶん前に変わったことを知らず、昔のままでイメージしていた、ということがありました。現在の中央線快速は、アルミの車体にオレンジ色のラインが二本入ったデザインが主流ですが、その方は昔の全面オレンジ色でイメージしていたのです。

目の見えない人の色彩感覚は、こんなふうに、自発的な想起と能動的な割り当てという二つの作用を受けつつ、保持、更新されていきます。それゆえ、人による個人差が非常に大きい領域です。

当然、色に関心が強い人は、しょっちゅう見える人に色の情報を確認することになります。すると、頻繁に更新がなされることになる。逆に色は自分には関係ないやという人もいて、そういう人は次第に色を感じなくなっていきます。色は、全盲の中途障害者の感じ方の個人差がもっとも分かる話題の一つです。

チカチカ現象の原因

冒頭のチカチカ現象に戻りましょう。いったいなぜ、井上さんの頭の中では数字や文字が固有の色を持つようになったのでしょうか。

何か生まれ持った特殊な能力があるように感じてしまいますが、どうやらそういうことではないようです。井上さんのお話をうかがっていくと、あることが原因として関係しているらしい、ということが分かってきました。そこには、井上さんが見えなくなったタイミングが大きく影響しています。

先述のとおり、井上さんが見えなくなったのは六歳です。つまり小学校に入る前、ちょうど多くの子どもが文字を覚え始める時期です。

この「覚え始める」という絶妙なタイミングが重要で、要するに完全に習得しきるのはまだ難しい段階で、井上さんは見えなくなった。加えて見えなくなる前から井上さんは弱視で、〇・〇三程度の視力で世界を見ていました。

当時、井上さんはあるおもちゃを与えられていました。それは「木製かるた」のようなもので、それぞれの札に「あ」「い」などと文字が書いてあったそうです。「あ」「い」の部分は掘られてもいたので、触ると分かるようになっていました。

このかるたにチカチカ現象の原因があるのではないか、と井上さんは言います。なぜなら、このかるたには色がついていたからです。「たとえば『み』だとみかんのような色になっている。それを見ていたことから、文字に色がついているという不思議なイメージができたんじゃないかと思っています」。
つまり、こういうことでしょう。
・井上さんは見えなくなる前、木製のかるたで遊びながら、数字や文字を覚え始めていた。
・このかるたは、子どもの学習を助けるために、書かれた数字や文字に関連する色がつけられていた。
・通常の文字学習のプロセスでは、この「色」を踏み台としつつ、最終的には「かたち（字形）」と「音」を結びつけることが求められる。それが「読める」ということである。
ところが井上さんの場合は、弱視であったこと、学習プロセスの途中で視力を失ったこと、その後すぐに読み書きの手段がもっぱら点字になったこと、などの理由により、色という踏み台のところで学習のプロセスが宙吊り状態になった。その結果、「かたち（字形）」ではなく「色」が、「音」と結びつくことになった。

以上がチカチカ現象の原因であると推測されます。

抽象化の中断

そもそも、文字を覚えるとはどういうことでしょうか。

すべからく、学習には抽象化が伴います。

かるたで遊んでいて、「この札」と〈あ〉という音が結びつくだけでは、「あ」の文字を理解したことにはなりません。札に書かれた丸ゴシック体の赤い「あ」と、例えば本屋の看板に書かれた明朝体の青い「あ」が、物理的には全く別のものであるにもかかわらず、同じものとして扱えるようになること。これが「あ」の文字を理解するということです。

もしかしたら子どもにとっては、「あ」の札の独特の木目や触り心地、匂い、小さな傷、あるいは沁みこそが、最初は「あ」なのかもしれない。でもそれでは文字を理解したことにならないのです。札がもつ物質的な特徴や、フォントの種類やサイズ、用いられている色などのデザイン上の特徴、これらをごっそり捨てて、初めてその子どもは文字を理解したと言えるのです。

そのように考えると、学習とは結局、あるものを獲得するために、それ以外のものを大量に捨てる作業だと言えます。これが「抽象化」です。

井上さんに起こったのは、いわばこの抽象化の中断だったのでしょう。井上さんに抽象化がなかったわけではありません。札の質感などは覚えていませんし、点字を触りながら、札という物体をそのまま思い浮かべているわけではありません。

ところが「色」に関してだけ、抽象化が完了する手前で、井上さんは点字による読み書きに移行することになった。「色」の情報を捨てて文字を完全に読めるようになる前に、目で見る文字との関係が絶たれた。その結果、それぞれの数字や文字の意味に、色の情報が巻き込まれる結果になったと考えられます。

かるた以外にも、六歳の子供が置かれる環境のカラフルさを考慮に入れる必要があるかもしれません。この時期はおそらく、本人が望むか否かにかかわらず、人が一生のうちで最もカラフルな環境に置かれる時期の一つだと言うことができるでしょう。学習用教材には、ほとんど必ずと言っていいくらいはっきりとした色がつけられていますし、弁当箱や服などの日用品も色とりどり、テレビで放映される幼児番組も実にカラフルです。

井上さんは言います。

「子どものころに見たテレビの『ひらけ!ポンキッキ』で、『いっぽんでもニンジン』という歌がありましたが、あの歌でも絵に色がついていて、あそこから来ているのかな、と思ったりもします」。

しかも、子どもは同じおもちゃで繰り返し遊んだり、同じ番組を繰り返し見たりします。反復的な刷り込みの過程は、まさにチカチカする色を洪水のように浴びる経験です。

いずれにせよ、六歳頃の生活環境が、それ以降の井上さんの、「求めてないのに色がやってくる体」を作っています。特定の日付を持った記憶が、やがて日付を失い、その人固有の体を作るようになる過程。まさに合理性では説明できない、井上さんのローカル・ルールです。

封印された色

このように、数字や文字が固有の色を持つという井上さんの経験は、偶発的な条件が重なって生じためずらしいものです。少なくとも私の知る限り、そのような全盲の方にお会いしたことはありません。

ですが、井上さんのチカチカ現象に関しては、それ以上に奇跡的だと感じることがあります。それは、この現象の根底にある、井上さんと色の関係です。

インタビューの過程で、井上さんは何度か言い淀むことがありました。「し」と「5」はどちらも青系だけれど、「何かが違う感じがする」とか、『6』の赤は濃くて、あれを朱色と言うのかなと思っています」とか。つまり井上さんは、頭に中にたくさんの色があるにもかかわらず、そのすべてを明確に人に伝えることができるわけではないのです。

もちろんいくつかの色については伝えることができます。「赤系」「青系」などおおまかな傾向は伝わります。けれども微妙な色の違いとなると、その違いを人に説明して共有してもらうことができない。その色は、つまり「井上さんの外に出すことができない色」なのです。

色は、「感覚」と「名前」の両方の側面を持っています。ここにもまた六歳という微妙な年齢が関わってくるのですが、通常、この年頃の子どもが名前を知っている色の数といえば、一二色程度ではないでしょうか。そう、標準的な色鉛筆の本数です。「黄色」は知っていても「山吹色」は知らないでしょうし、「緑色」は分かるけど「ビリジアン」は聞いたことない、という子どもがほとんどのはずです。

そして、こうしたざっくりした色名のカテゴリーから出発して、しだいにより細かい色味を知っていく、というのが通常の色名を覚える過程です。もちろんデザイナー等の専門職に就けば、さらに細かい色の名前に精通することになるでしょう。

重要なのは、子どもだって、同じ色を見てはいる、ということです。外を歩けば葉っぱの一枚一枚が違う色をしていますし、空だって一日とて同じ表情を見せません。知らないのは「名前」であって、「感覚」の刺激レベルでは、大人も子どもも同じものが網膜に映っているはずです。

違いは、「名前」と「感覚」がセットになっているかどうか。大人はセットの数が多いけれど、子どもは「感覚」の数に比して「名前」の数が圧倒的に少ないのです。

これこそまさに、井上さんに起こっていることでしょう。井上さんは六歳までにさまざまな色を見たことがあり、それらを記憶として保持しています。「感覚」としては、確かにいろいろな色を知っているのです。けれども、そのほとんどが「名前」を持ちません。

いいや、もしかしたら、「山吹色」や「ビリジアン」を、単語としてなら知っているかもしれません。けれども、それが感覚として持っている色のどれに相当するのか、確かめるすべがもはやないのです。名前というラベルがないから、色のデータベースから取り出して、人に伝えることができません。それゆえ、外部への回路を持たない、井上さんの中だけに封印された色なのです。

もっとも、いくつかの色は、見えなくなってからでも名前をつけることができます。たとえば、朱色。井上さんの中では「6」と結びついた色です。なぜ見たことがないのに推測がつくかというと、「朱色は、印鑑を見たことがある」から。「朱色として見た色」はないけれど、「印鑑の記憶」を介して、「朱色」という名前と「6」の色を推測的に関連づけていることになります。

混色できない

いやいや、色の名前そのものを知らなくたって、説明はできるじゃないか、と思われるかもしれません。確かに私たちはよく、「赤っぽい紫」や「黄色よりの黄緑」といった言い方をします。名前をずばり言い当ててはいないけど、それでたいていの色は伝わっています。

ところが、こうした表現こそ、まさに井上さんにとっては分からないものなのです。「赤っぽい紫」や「黄色よりの黄緑」といった表現は、混色、つまり複数の色を混ぜることによってその色を表すというやり方です。「紫に赤を少し混ぜた色」「黄色を多めにして緑と混ぜた色」を想像せよ、というわけです。

確かに目の見える人であれば、これらの色は想像するまでもなく浮かんできます。けれども井上さんはそうではありません。「色を頭の中で混ぜることはできないので、どうするとその色になるのかは分からないんです」。

このことが意味するのは、目の見える人が色を頭の中で混ぜられるのは、そのような経験があるからだ、ということです。

私たちは決して知識として、混色の結果を覚えているわけではありません。色相環のようなものを参照してそのつど考えているわけではありませんし、ましてや掛け算の九九のように「赤と青は紫」などと暗記しているわけではありません。

それは考えなくてもやってくる記憶です。経験として、子どものころに絵の具やクレパスの色を混ぜ、その混ざっていく様子を目で見たことがあるから、混色の結果が想像できるようになっているのです。どのような割合で混ぜるかによってできあがる色がどう変わるかも、見える人は知っています。

ところが、幼い頃に失明した視覚障害者はそのような経験がありません。それゆえ、混色の結果を想像することができないのです。逆に、大人になって失明した人であれば、混色によって説明しても、どんな色か想像がつきます。

つまり、井上さんの頭の中にはたくさんの色がある。けれども、それらは混ぜるという操作を受け付けない「絶対的な色」たちなのです。

秘密の花園

見えなくなって四〇年近く、これらの色が失われずに一人の人間の中に封印されたままになっている、という事実は本当に驚くべきことです。もしかしたら、名前がない代わりに、特定の数字や文字と紐づいていたからこそ、色の記憶が失われなかったのかもしれません。

そうなると、井上さんにとっては、私たちが「白」と呼んでいる色の名前が「1」である、と考えるべきなのかもしれません。他者からはアクセスできない、井上さんの中にだけに封印された色とりどりのカラフルな世界。それはまるで、さまざまな条件が偶然重なってできた、秘密の花園のようです。

これは究極のローカル・ルールでしょう。しかも、このルールは、無意識的なものではない。あくまで「0は濃いピンク」のように意識化することが可能です。にもかかわらず、他者と共有できる仕方で、その色を指し示すことができない。完全にプライベートな、ローカル・ルールです。

まさに奇跡のような色の世界。ですが井上さん自身は笑いながらこう分析します。「そういう人もいるということですね。他で失っているものもいっぱいあるんですけど、私の場合は色は残った。何を失うかが人によって違うんじゃないですかね」。

★1 Edward M. Hubbard, Vilayanur S. Ramachandran, "Hearing Colors, Tasting Shapes," *Scientific American*, 2006. https://www.scientificamerican.com/article/hearing-colors-tasting-shapes/?redirect=1

器用が機能を補う

EPISODE 3

制御マニア

二本の足で歩いたり走ったりしていた人が、ある日突然、一方の足の一部を失う。そのことによって、いったいどのような変化が起こるのでしょうか。

大前光市さんは、二三歳のときに、酔っ払いの車に轢かれるという痛ましい事故によって、左足膝下を失いました。それから一五年、現在の大前さんは、左足の切断した部分に義足をはめて生活しています。

一方には、記憶として知っている二本足の体があり、他方には、左足の膝から下がない現実の体があります。記憶上の体と、現実の物理的な体。言うなればそれは、手元にある「経験知」と、乗りこなすべき「マシン」がずれている状態です。

この矛盾する二つの体をどう生きるか。対処はさまざまなレベルで起こります。神経生理的なレベル、心理的なレベル、運動制御のレベル、社会的なレベル……。もちろん、複数のレベルは相互に独立したものではなく、関係しあっています。心理的なレベルでのアプローチが運動制御レベルでの対処を変えることもあるでしょうし、社会的なレベルの対処が神経生理的な状態に影響することもあるでしょう。

大前さんが特殊なのは、彼がプロのダンサーだということです。つまり、「運動制御」の能力が、もともと、通常の健常者よりもずばぬけて高かった。

要するに、身体制御のエリートが、それまでとは異なるマシンを手にしたわけです。もちろん痛みもあるし、幻肢と呼ばれる制御不能の生理現象もあります。けれども大前さんの場合には、総じて、事故後の変化に対しても、意識的な運動制御が対処全体の基本トーンになっていくのです。

大前さんがダンスを始めたのは一七歳のとき。最初は劇団四季が好きでミュージカルをやっていましたが、そこからバレエに関心を持ったといいます。

事故はまさに「ダンスに命をかけていた」中での出来事。事故後一〇年のブランクを経てダンサーとして返り咲きます。さまざまな賞を受賞し、リオパラリンピック閉会式でもダンスを披露しました。

体をいかに思い通りに動かすか。多くの人は、自分の体の動きに対してそれほど自覚的ではありません。特に健常者の場合には、歩くにしても、立つにしても、ほとんど意識せずにやっている。できてしまうから工夫することもありません。

ところがダンサーの場合には、足の指一本一本や背骨のひとつひとつにまで意識を向けて、体を精妙にコントロールする習慣と能力があります。体のどこに力が入っているか。軸がどの

ように ぶれているか。決められた振り付けをこなすためには、自分の体を細部まで思い通りに動かすことができなければなりません。

大前さんも、そのようなダンサーの一人です。自分の体に対する意識の高さは、「制御マニア」と呼びたくなるほどのもの。大前さんはこんなふうに語っています。「自分の体を観察するというのはもともと気質としてありましたね。ただ、足を切ってから、そういうことをより考えるようになりました。どうすればぼくは復帰できるのか、どうすればぼくはダンサーとして体を動かしていけるのか、考えて、勉強するようになりました」。

現に、大前さんは、自身がダンサーであるだけでなく、他人にダンスを教える先生でもあります。できることと言語化可能なことは必ずしも一致しませんが、大前さんは、意識的に体を使う習慣があるからこそ、言葉で人に教えることができる。「人にダンスを教えるときも、どんな順番で体を使ったらいいか、わかりやすく教える自信はあります」。

オートマ制御からマニュアル制御へ

そもそも、人生の途中で障害を得ることは、体に対して意識的な関わりを要求するものだ、と大前さんはいいます。

この変化を一言で言うなら、「オートマ制御からマニュアル制御への移行」ということになるでしょう。つまり、それまで特に意識せずにできていた、立つ・歩く・見る・話す、といった動作を、意識的に調節しながら行わなければならなくなるのです。

そのことについて、大前さんはこんなふうに語っています。「向こうで『はい集合!』と言われたら、ふつうの人は無意識に『はーい』と行くけど、ぼくらは『分かった、ちょっと待ってね』って、足をはめたり、車椅子に乗ったり、姿勢をととのえたり、順番があって、ひとつひとつ意識してやるわけです。みんな、めんどくさいことをしてます」。

大前さんがここで「めんどくさい」と述べているように、行為がマニュアル化するとは、手順が増えることを意味します。

体がオートマで制御できている健常者の場合、「集合!」と言われたら、「行く」という意識さえ持てばよい。手順は実質ひとつで、あとは放っておいても体がついていきます。

ところが障害があると、義足の装着や車椅子への移動といったタスクが増えるだけでなく、体を動かすときの姿勢や重心の位置、その場所に至るまでの動線などを、適切な順番に従って、ひとつひとつ意識しなければならない。「行く」という大目標をたくさんの小目標に分割し、一段一段クリアしなければならなくなる。大前さんが言うように、「体に障害を持っていると言われている人に共通しているのは、意識する部分が多い」ということです。

手順を増やしてマニュアルで制御するというと、「めんどくささ」さえ我慢すればいいように思われるかもしれません。しかし実際には、これは作業としても非常に難易度が高いものです。

何せそれまではオートマで制御できていたことなのですから、やり方を意識するといっても、そもそも不可能に近い相談です。

たとえば「歩く」にしても、「歩くことができる」ことと「どうやって歩いているかを説明できる」ことは全くの別物でしょう。以前、脳梗塞を発症して三年半経つ女性が、その苦労をこう口にしていました。「言葉が違っているかもしれないですが、『暗黙知』みたいなもの、何も考えずにできていたことが、何もできなくなって、そのやり方すら忘れているんですよね。『健側（障害のない側）が模範生だから、それをよく見て、工夫してやりなさい』とか言われるんですけど、工夫できたらこんな苦労していないです」。

もちろん、障害を得てから長い年数が経てば、意識しなければ制御できなかった動作が次第にオートマ化する、ということもあるでしょう。いわゆる「慣れ」です。

けれども社会的な環境が健常者向けにデザインされている以上、環境と自分の体を埋めるための調整は、多かれ少なかれ残るでしょう。大前さんが左足膝下を切断したのは二三歳のとき。インタビュー時で事故から一五年が経ち、意識せずとも動かせる領域が増えたといいますが、それでも調整は必要だと言います。年齢による体の状態の変化も、調整を要する要因のひとつでしょう。

とはいえ、そこはダンサーです。マニュアル的に体を制御する感覚に非常に敏感であるのに加え、求道的なまでに体を鍛えるプロとしてのストイックさがあります。

その目に見える成果が筋肉です。現在の大前さんの左足の断端（切断部）は、一般の切断者にくらべて硬く、筋肉で覆われています。

足を甘やかしていた

もっとも、左足を切断した当初は、大前さんも自分の足を「甘やかしていた」と言います。「椅子から立ちあがるときも、足に負担をかけないように、まず肘掛に手をついて、それから上半身で立つ、というような癖がついてしまっていた。上半身主導の使い方だったんです」。

誰だって、痛いところや不自由なところがあれば、そこをかばうように動くものです。大前さんも、切断した直後は、足に体重をかけないような動き方になっていた。しかも切断後には肉体労働をしていたので、義足を装着している箇所が痛みやすかったと言います。

大前さんの義足は、断端を覆うような形になっています。断端の下に義足が生えているわけではなく、ソケットというお椀のような構造が断端にカポッとはまるような作りになっている。義足というと竹馬に乗っているようなイメージを持ちますが、そうではなく、履いている感じ。「スキー靴」あるいは「石膏で固めている」感じだと大前さんは言います。

だから、まず痛くなるのは、そのソケットにはめている箇所の、骨がちょっと出ているところ。「腓《ひ》骨と脛《けい》骨が出っぱっているので、ソケットの内側にクッション材を当てたりして、衝撃を逃しています」。こういう説明をするときにすぐに骨の名前が出てくるのも、大前さんらしいところです。

クッションがある義足だと、地面に着地した衝撃が直接体にひびかないので、「ムニュ」という感触になるのだそう。最初に義足を使いはじめたころは、硬いものを使っていたので、一歩つくと、衝撃が腰までくる感じでした。その痛さに耐えかねて、柔らかいクッション性のある義足を作ったのです。

すると、クッションがある義足を使っているうちに、上半身に筋肉がつき始めたと言います。義足の左足をカバーしようとして、上半身を使うようになったのです。「義足側に負担がかからないようにするので、上半身がものすごい発達したんです。今も発達していますが、二〇代後半まではもっとゴツくて（…）上半身と下半身という別のものが組み合わさっている感じでした」。

足の再発見

上半身が発達するというのはよいように思えますが、そうではなかった、と大前さんは言います。足に力がないので、バランスを崩しやすかったからです。バランスの悪さは、健側の右足への負担となって現れました。義足の左足を使わないようにしていたために、右足に体重がかかるようになり、右足を壊す結果になったのです。

そこで、大前さんは、上半身だけで動くというやり方をやめて、足もきちんと使って動く、というやり方へとアプローチを変えます。「腕の三倍の力が足にはある。だから足がエンジンになって、それを主導にして、器用なことは上半身でする、というのが基本的な人のつくりだとぼくは思っています」。

興味深いのは、大前さんがここで足を再発見していることです。

それまでは、切断した足をかばって、それ以外の部分の働きを増やすことを考えていた。足に仕事をさせないようにし、その存在意義を減らそうとしていた。変な言い方になりますが、ない足を、ないものとして扱っていたのです。

けれどもそれでは結局、足を失ったという条件がボトルネックになり、動きが制限されてしまう。他の部位にも負担がかかる。「できる動きをすればいいじゃないか」という発想もありえるはずですが、大前さんはダンサーとして踊るところにゴールがあります。

そのためには、ない足を、あるものとして扱う必要がある。義足を積極的に使って、体重をかけ、それで立つようにしたのです。足の「再発見」です。

「今は（…）下半身も使うようにしています。立ちあがるにしても、足をついて足で立つ。そうしたら動きが安定してきました。ぼくの場合は下半身は動くのですが、その機能を甘やかしていたんです。義足も硬いものに変えて、足を使うということをしようとし始めました」。

もちろんその道は容易ではなかったと言います。断端が硬くなるのには時間がかかるので、痛みに耐えながら動く時期が五、六年続きました。かなり硬い義足を使い、うまく体重を逃す。地面からの衝撃を押し返すような体幹の筋肉を発達させていきました。これは、先ほどの「ついてしまった筋肉」とは違う、「あえて鍛えた筋肉」です。

つまり大前さんのマニュアル制御への移行は、二つの段階があったことになります。当初の移行は、不自由な部分をかばい、痛みや困難をやりすごすための「対症療法」的なものでした。ところが三〇歳ごろから、大前さんは積極的に左足をきたえ、全身のバランスを組み替える「原因治療」を始めた。それは、ない箇所をないものとして扱おうとする体の反応を超えて、意識的にあるものとして使っていく過程でした。

記憶と現実のズレとしての幻肢

この「ない足をあるように使う」過程で大きな役割を果たしたのが「幻肢」です。幻肢とは、手や足など体の一部を切断した人や麻痺のある人が、切断したり麻痺して感じないはずの手や足を、あたかも存在するかのように感じる現象です。英語ではphantom limb、つまり幽霊のような四肢。私の物理的な体に、もうひとつの体がとりついている状態です。まさに体の記憶にかかわる現象です。

幻肢に相当する現象の報告は古くからありますが、初めて名前をつけられたのは一九世紀のことです。南北戦争でたくさんの兵士たちが負傷し、外科医たちは抗生物質もないまま手や足を切断しました。帰郷してもなお、その兵士たちが自分の手足のことを語るのを見て、医師ワイアー・ミッチェルがそう名付けたとされています。★1

幻肢については、これまで、医学の分野を中心に、そのメカニズムや治療法をめぐって研究が進められてきました。幻肢が特に問題になるのは、それがしばしば痛み、すなわち「幻肢痛」を伴うからです。現在の大前さんは幻肢痛はありませんが、一般にその痛みは、「ローラーで押しつぶされるような」「骨を折られるような」といった言葉で表現されるような壮絶なもので、当事者たちを苦しめてきました。

幻肢痛については、このあとのエピソード6と8で詳しく触れたいと思いますが、その原因には「あるかないか」というより「動くか動かないか」が大きく影響していることが知られています。足や手が切断されたあとも、脳はそれを動かせという指令を出し続けます。けれども、実際にそれが動いたという感覚情報のフィードバックが来ない[★2]。

つまり「動くだろう」という予測と「動きました」という結果報告のあいだに乖離が起き、この不一致が痛みとなってあらわれると考えられています。「脳が記憶している手や足の動き」と「現実の手や足の動き」のズレが幻肢痛を生んでいるのです。

もっとも、「痛みを伴う」という言い方はあまり正確なものではないようです。つまり、「幻肢というものがあり、それが痛む」のではない。むしろ「幻肢の感覚がある仕方で強まると痛みの感覚になる」ということのようです。痛みの手前の感覚として「幻肢感」という言葉を使う方もいらっしゃいます。

幻肢痛は、医学的にアプローチが難しい痛みです。痛みそのものが複合的だという要因もありますが、何しろ存在しない部位の痛みを治さなければならないのですから。しかし近年、VRを使った緩和法が知られるようになっています。これについては本書のエピソード8で触れます。

残るのはフォルムではなく運動の記憶

さて、大前さんが「ない足をあるように使う」ことと、幻肢はどのように関係しているのでしょうか。

大前さんの左足の幻肢は、とても小さなものです。「にぎりこぶしくらいのちっちゃい足が、断端のところにくっついてる感じ」。切断後、幻肢が次第に短くなるという現象は珍しいものではありません。幻肢というと、蜃気楼のようにもとの大きさの足がもとあった場所にあらわれるイメージがあるかもしれませんが、必ずしもそうではないのです。

つまり大前さんの幻肢は、leg に相当するふくらはぎの部分がなく、ひざ下にいきなり foot の部分がついている状態です。しかもその foot は、まるでドラえもんの手のような小さな固まりです。形状としてはもとの足とは似ても似つかない幽霊の足。ときどきつったときのように「キーン」とする感じがありますが、幻肢痛はありません。

それにしてもなぜ、見えないにもかかわらず、その足が「小さい」と分かるのか。一五年経ち、かつて使っていた足の記憶が弱まった結果なのか。その理由を尋ねたところ、大前さんは一言でこう説明してくれました。「動かせないからです」。

「動かそう」と思う。しかし思ったようには「動かない」。つまりインタビュー当時の大前さんにとっての幻肢は、「形」としてではなく「運動司令」との関係で存在しているということがわかります。記憶として残るのは、「私の体はこういう形をしていた」というフォルムの基準ではなく、「私の体はこういうふうに動くはずだ」という運動の基準なのです。

その証拠に、大前さんの幻肢の感覚は五本の指がベースになっています。「断端の先っちょが丸くなってて、親指、人差し指、中指……っていうのが、ちょん、ちょん、ちょん、ってついている感じです」。大前さんは、足の指を開いて「パー」を作ることが、かつて左足でできたし、今も右足はできる。だからこそ、指という足のなかで比較的よく動く部位についての位置感覚が、幻肢に残っていると考えられます。

もし足の指でパーができない人が足を切断したら、その人の幻肢はどのようなものになるのでしょうか。足指の運動記憶がきわめて限定的である以上、大前さんのように五本の指の位置を明確に指し示すようなことはおそらく不可能なはずです。けれども、大前さんの場合は、豊かな足の運動記憶がある。だからこそ、「丸い足で、『このへん親指だよね』『このへん人差し指だよね』という感覚がする」。

幻肢の指と足の裏

では実際に運動をするとき、幻の「ちっちゃな足」はどうなっているのか。

たとえば大前さんは、ダンスの公演のなかで、義足をはめた左足で片足立ちをすることがあります。義足をはめているとき、断端全体は義足のソケット部分にすっぽりはまっていることになりますが、そのとき、ソケットの中で幻肢はどうなっているのでしょうか。

一般に、「足の裏はお椀を返したように丸めた形に力を入れるとバランスがとりやすい」と大前さんは言います。「足の裏をお椀のようにする」ためには、足の親指の裏から小指の裏までの五点、さらにはかかと裏の内側や外側といったfootの外周の部分に力を入れる必要があります。そうすることで、土踏まずのあたりが地面から浮くようになり、姿勢が安定するのです。研究熱心な大前さんはさらに続けます。「土踏まずが使えると、腿の裏側が使えるようになるんですよね。そうすると体がうまいこと連動してくるんです」。

さて大前さんの場合、右足はそのように使うことができる。しかし切断した左足には「足の裏」に相当する部分がありません。

どうするのか。曰く、「同じように、左足も、そうはならないけどそういうふうに意識してキュッと丸めるような使い方をしています」。

つまり大前さんは、事故前に足裏を使っていたときの動かす感覚の記憶を、足裏の存在しない左足の切断部分にあてはめるような仕方で、意識をしているのです。もちろん、ないものを使おうとしたって、物理的にはそのように体は動きません。大前さんも言うように、「キュッと丸める」意識を持ったとしても、それに応じて物理的に丸まる身体的な対応部位はありません。

興味深いのは、にもかかわらず大前さんが「足裏をキュッと丸める感覚」を意識できているということです。もし、この「足裏をキュッと丸める」を頭の中に文章として思い浮かべるのであれば、体がどのような状態であれ、それは可能です。

しかし大前さんが「足裏をキュッと丸める」と言うとき、それは単に文章として思い描いているのではありません。「キュッと丸めるような使い方」という表現から明らかなように、少なくとも体の感覚としては「足裏をキュッと丸める感じ」があるのです。

「足裏をキュッと丸める感じ」が成立するためには、「足裏をキュッと丸めよ」という命令が何らかの形で引き受けられている必要があります。実際に足裏がない以上、これを引き受けているのは幻肢以外にはありえません。

先に確認したとおり、「キュッと丸める」ためには、足の指やかかとに力を入れる必要があります。そして大前さんの幻肢は、まさに「ちょん、ちょん、ちょん」という「指」を持っていました。大前さんが「足裏をキュッと丸めよう」と意識するとき、大前さんはいわば幻肢の指に力を入れていることになります。幻だとしてもこの指を動かす感覚があるからこそ、「足裏をキュッと丸める感覚」を大前さんは意識できていたと考えられます。

先に、幻肢痛の原因が、「動くだろう」という脳の予測に対して、手足からの「実際に動きました」というフィードバックが返ってこないという不一致に起因することを確認しました。

実は、エピソード8で論じるように、幻肢をどの程度動かせるかどうかが、痛みの度合いに大きく関係していることが知られています。つまり、実際の手足でなくても、幻肢を動かす感覚さえあれば、「不一致」はある程度抑えられる。

大前さんの場合は、「キュッと丸める」といった仕方で、幻肢を意識的に操作することができています。このことが、大前さんが強い幻肢痛を感じることのない理由の一つだと考えられます。

興味深いのは、こうした「幻の指を動かす」経験を積み重ねた結果、物理的にも、大前さんの体が鍛えられているということです。幻の指であっても、力を入れれば、つられて近くの筋肉が動きます。先ほどお話したように、大前さんの断端は、一般の切断者に比べて硬く、筋肉に覆われています。この例外的な筋肉は、大前さんが意識して、以前と同じように左足を使おうとしたからに他なりません。

切断して器用になった左足

このように大前さんは、切断した左足を積極的に使うことによって、足を動かす仕組みというものを、新たに発明していきました。その機構は、もともとの、オートマチックに動く右足のそれとはまったく違うものです。大前さんは言います。「『右足くん』と『左足くん』は全然別の人です」。

その左足の特徴を、大前さんは「器用さ」と表現します。左足は、右足よりも「器用」なのです。

「器用と機能は違う」と大前さんは言います。「『器用』と『機能』はちょっと違う。左足は常に意識しているから、筋肉も敏感になってるんです。そうすると、細かいことができる。たとえばすぐに力が入ったりとかできるんです。右足は力はあるけど器用じゃない」。

確かに「機能」の数で言えば、右足のほうが圧倒的に有利です。落ちた物を足指で拾う、というようなことは左足にはできません。けれども常にマニュアルで制御しなければならないからこそ、左足は意識して動かせる精度が高まったといえます。「ここをこう動かそう」「ここにこう力を入れよう」と意識すれば、細かい動きでも左足はきちんと応じてくれる。それが、大前さんの言う「器用さ」でしょう。

しかし、それは言い換えれば、「左足を使いこなす」感覚です。大前さんは断端の先にある義足を「使いこなしている」のであり、義足は身体感覚としてもやはり自分の体の一部ではないのです。

「どこまで行っても左足は『道具』なんですよね。道具を使っているという感じ。足の先についている道具の使い方がうまくなっている感じです。たとえば手の先に竹馬みたいなのが生えていたら、『ここらへんを押そう』とか意識的になりますよね。そんな感じです。『さぁて今日も杖を使おうか』みたいな感じです（笑）」。

工学の分野で、障害のある体を支援するさまざま装置が開発されていますが、それを受けとめる体の側のこうした主観的な感覚は、しばしば見落とされがちであるように思います。「補助具が失われた機能を補う」というのは、外から見た時の物理的なレベルの判断にすぎません。確かに「歩く」という動作はできるようになっているけれど、実際の当事者の身体感覚としては、大前さんほど使いこなしている人にとってさえ、「歩く」ではなく「歩く道具を使っている」なのです。

だから、「補助具が失われた機能を補う」ためには、「器用さが失われた機能を補う」レベルがある。器用はマニュアル操作ですから、当然、そこには当事者が払わなくてはならないコストがあることを忘れてはならないでしょう。

利き足の変化

さて、道具を使う器用な側とは、端的に言って「利き足」です。興味深いことに、大前さんは足の切断によって「左」と「右」が入れ替わったと言います。

大前さんの利き足は、切断前は右足でした。けれども今では、マニュアルで制御する訓練を重ねた結果、左足のほうが器用になり、利き足という位置付けになっている。逆に右足は、パワーがあるので支える役目を果たすことになります。「お茶碗とお箸が入れ替わりました」と大前さんは言います。

ふつう「利き手交換」というと、利き手に麻痺や切断があったときに、残っている手を利き手として使えるように訓練することを言います。

ところが、大前さんの場合は完全に逆です。切断したのは利き足でなかった方の足ですから、ふつうは利き足を交換する必要はありません。にもかかわらず、大前さんの左足は右足に勝る器用さを獲得し、利き足としての地位を奪ったことになります。

もっとも、大前さんの場合は、切断したのが手ではなく足である、という事情も大きいでしょう。足は、手と違って重さを支えるという重要な役割を持った器官です。身の安全に直結するこの役割を右足が中心的に担う必要が生じ、左足が利き足化した、ということも考えられます。

いずれにせよ、「オートマ制御のマニュアル制御化」という中途障害では誰もが経験する大きな変化が、大前さんの場合には、ダンサーならではの体に対する意識の敏感さによって、きわめて高いマニュアル制御精度の獲得につながりました。利き足交換は、そんな大前さんならではの、運動システムのアップデートの結果だと言えます。

そして大前さんは、今や利き足となった左足の器用さを試すかのように、あえていびつな義足を開発し、舞台上で使っています。短すぎて立つとつま先がつかない義足や、逆に長すぎる義足。バランスが悪くて、体には当然負担がかかります。「義足屋さんに頼むと、そんなものは作れないと言うんですが、何が起こっても責任をとるからと言って、誓約書を書いて、作ってもらうんです」。

器用さというと、「効率よく成し遂げる能力」だと思われがちです。けれどもそれが必ずしも、「一般的な正解に向かって効率よく進むこと」を意味するとは限らない。「ふつうの人になるだけ近づこうというのが義足のコンセプトだと思うんですが、アートに限ってはそれをやる必要はない」と大前さんは言います。

体がオートマで動かせないなら、目指すべき目的も盲目的《オートマチック》に信じるわけにはいかない。マニュアル化の増大が、工夫や批評性の余地を作り出します。大前さんはインタビューをこうしめくくりました。「ぼくらは考えざるをえない人なわけですから。めんどくさいんだけど鍛えられている感じですね」。

★1 V・S・ラマチャンドラン&S・ブレイクスリー(山下篤子訳)『脳のなかの幽霊』角川文庫、二〇一一年、五五頁

★2 M Sumitani, S Miyauchi, C S McCabe, M Shibata, L Maeda, Y Saitoh, T Tashiro, T Mashimo "Mirror visual feedback alleviates deafferentation pain, depending on qualitative aspects of the pain: a preliminary report". *Rheumatology*(Oxford):2008, 47(7);1038-43

痛くないけど痛い脚

EPISODE 4

ここまでさまざまな中途障害の体をとりあげてきました。中途障害の人の体では、しばしば「障害を得る前の体の記憶」と「現在の体」がダブルイメージのように重なっていました。そのことによって、常識的に考えるとちょっと不思議な、さまざまな現象が生じます。

この章では、これまでとは違い、先天的に障害のある方の体を扱います。「先天的に障害がある」とは、生まれつき全盲の人や、片腕だけで生まれてきた人などのこと。こうした方たちの場合には、通常、記憶という意味でのダブルイメージは生じません。中途障害のような、時間的な断絶がないからです。

ところが、先天的に障害のある方の場合でも、障害のタイプによっては、「二つの体」を持つことがあります。それは、空間的な断絶がある場合です。

つまり、右半身と左半身、あるいは上半身と下半身で体の状態が違う場合です。時間的な断絶はないのですが、同時に異なる二つの身体を経験していることになる。この場合も、相互の身体間で、記憶が不思議な作用を引き起こします。

腕に脚の機能もついている

かんばらけんたさんは、二分脊椎症という病気で、生まれつき脊椎が二つに分かれています。

同じ二分脊椎症でもいろいろなタイプがあります。杖や装具を使って歩く人もいますが、かんばらさんは車椅子で生活をしています。神経がほぼ途切れているので、腰から下は、触っても感覚がありません。

立ったり歩いたりといった動作は難しいですが、全く動かないわけではなく、左脚はちょっと動かすことができます。「便座に座るためにつかまり立ちをするようなときに、ちょっとついたりする」そう。右脚は全く動きません。

一方、腰から上の運動機能は全くの健常です。というより生活のなかで下半身を補う役割を果たしているので、むしろ健常者よりも発達した上半身を持っています。

よく動く肩甲骨に筋肉のついた腕。特に肩甲骨はまるで羽のようで、横から見ると体全体が白鳥のように見えます。「ぼくの場合は腕に脚の機能もついてるという感じです。手で這っていくのも『歩く』ですし、もうちょっと言うとこの車椅子も、ちょっと脚に近いです。腕は胴体と同じくらいの存在ですかね」。

かんばらさんは、エピソード3でご紹介した大前光市さんと同様、リオパラリンピックの閉会式に登場し、車椅子を使ったパフォーマンスを披露していたダンサーでもあります。

印象的なのは、車椅子の上で行う逆立ち。脚で立つのが当たり前の人からすると、まるで曲芸のような動きですが、かんばらさんは幼稚園の頃からできたと言います。文字通り「腕に脚の機能もついている」ことを示すポーズです。

階段に吸い付く動き

実際、私が初めてかんばらさんにお会いしたときに目の当たりにしたのも、まさに「腕が脚のように働く」さまでした。

その日、私はあるダンスのワークショップに参加する予定でした。その同じワークショップに、たまたまかんばらさんも参加することになっていたのです。

場所は渋谷の駅近く。会場のある建物に遅れて到着すると、車椅子のかんばらさんもちょうど着いたところでした。会場は地下で、エレベーターはなく、行くためには中程で九〇度折れ曲がった階段を下りる以外に方法がありません。

お手伝いしましょうか、と声をかけると、車椅子を下ろすのだけ手伝って欲しいというのがかんばらさんの答えでした。そして車椅子を離れて地面に座りこんだかと思うと、いきなりものすごい速さで階段を下っていったのです。

それは、「下りる」というより「すべる」でした。

あまりに動きがなめらかなので、階段の段差を感じさせないのです。確かに両腕を使っているのですが、松葉杖のように同時につくのではない。右と左の腕をつくタイミングが微妙にずれており、それに合わせて微妙に重心を移動させていくのです。

うっとりするような、むだのない体さばき。スキーの競技の一つに凹凸のある斜面を滑り降りる「モーグル」というものがあります。衝撃を受けながらも階段に対して体が吸い付くかんばらさんの動きは、まさにあのモーグルのようでした。

そのときの実感としては、文字通り、階段の段差が「まるまった」ようでした。階段がまた全くの別物に見えたのです。

最初に「お手伝いしましょうか」と声をかけたとき、階段は私にはごつごつとしたいかつい岩場のように見えていました。段差が段差として、つまり危険な「障害」として、見えていたのです。

段差といえば障害の代名詞です。「ここをどうやって下りよう」と先まわりして悩んでいたとき、段差の物理的な存在感が際立って感じられていました。ところがそんな先入観を意に介さないかのように、かんばらさんは段差を乗りこなしていきました。階段に対して、そんな体の沿わせ方もあったのか！　新しい「下りる」を見たことで、階段がなめらかな斜面に、まったくの別物に見えたのです。

あくまでオートマ制御

……と、私は率直に驚いてしまうのですが、かんばらさんからすれば、別に努力したり工夫したりしている感覚はありません。私たちの足が、仮に考え事をしていたとしても、ちゃんと段差を捉えて階段を下りていくように、かんばらさんにとっては、そうやって階段を「すべって」いくことは当たり前だからです。

かんばらさんは言います。「ぼくも手で移動しているときは意識はしていないですよ。たぶん歩いてるのと同じだと思う。階段を上り下りするときすら、意識していないですね」。

いわゆる健常者のやり方とは違っていても、体の制御がオートマ化していることは、先天的に障害のある体ならではの特徴です。大前さんのように中途で障害を得て体を意識的に制御する必要のある人とは違い、かんばらさんの場合は、最初から「手で歩く」のがデフォルト。これまでの人生を通じて、その体を操縦するすべを当たり前のように身につけてきました。

かんばらさんは、小学校のころから地元の学校に通っていて、学校では階段を這うように移動していたと言います。「一階から四階までの各階に車椅子を一台ずつ置いてもらって、階段の横にカーペットを敷いてもらって、手で這って各階を移動していました」。

自宅も何と坂の上にありました。「坂の上にあるので、駅から徒歩二〇分ひたすら登らないといけないので、それが英才教育になったんですかね（笑）」。かんばらさんの上半身は、意識して鍛えたわけではなく、幼い頃からの生活のなかで自然に形成された「脚の機能を持った腕」なのです。

コタツの中の脚

そんな「ムキムキ」の上半身に対して、下半身は細く、感覚もほぼありません。腰を境に全く質の異なる二つの身体をもつかんばらさん。まさにハイブリッドの身体です。

もっとも、感覚がある場所とない場所の境界線はそれほどはっきりしているわけではないそうです。人に触ってもらうと、腰のあたりから「感覚が弱くなる」。興味深いのは左脚です。左脚は、動かすことはできますが、感覚はない。「頭の中で動けという指示を出せば動きますけど、何かに当たっても全然分からない」そうです。

それゆえ、腰から下の皮膚は、外界の状態を感じる器官としては使えません。たとえばコタツに入るとき。感覚があれば、脚を入れることで暖まりますが、かんばらさんの場合は脚を入れても暖かくない。そこでコタツは手を暖めるために入ることになります。

ところが手を入れようとすると、よくこんな笑い話のような出来事が起こると言います。「コタツに入るときは（…）手を入れるんですけど、他人の脚を触ったと思って『あ、ごめん』って言ったら自分の足だった（笑）」。

つまり、触っている手のほうには感覚があるけれど、触られている脚の方には感覚がない。ゆえに他人の体を触ったように感じてしまったのです。部分麻酔をしているときのような、自分の体が自分の体でなくなったような感覚に近いのかもしれません。

コタツの場合は笑い話で済みますが、自分の体を感じられないということは、体がきわめて無防備な状態にあることを意味します。先にかんばらさんの左脚が、「動かせるけど、何かに当たっても分からない」ことを確認しました。つまり、かんばらさんは、自分の脚に起こる痛みを感じることができません。ということは、怪我をしたとしても、すぐに気がつくことができないのです。

実際、脚を怪我してしまったことは、数知れずあると言います。「たとえば幼稚園くらいのときに、手で這って友達と鬼ごっこしてたら、いつのまにか脚が擦り傷で血が出ていたりとか」。擦り傷とはいえ、放って置いたらばい菌が入って化膿してしまうかもしれません。痛みはないけれど、怪我には違いありませんから、生理的にはまずい状態です。

ということは、かんばらさんのような体を持つ人は、痛くないにもかかわらず、頭で「これはまずいな」と判断する必要がある。怪我に気づいたときの感覚を、かんばらさんはこう語っています。「『うわーやっちゃった』という感じですね。『あ、これ気をつけないとダメなんだ』みたいな。まわりに「気をつけなさい」と言われてというより、自分でそう思うようになりましたね」。

もちろん、脚を強くぶつけたときのような、強い衝撃がある場合には、怪我に気づくことができます。ぶつけた箇所に感覚がなくても、振動がお腹にまで伝わるからです。ただし、この場合も痛みはない。痛みを感じないからこそ、「うわーやっちゃった」を避けるための特別な工夫が必要になります。

脚に意識を置いておく

そもそも痛みとは、私たちにとって、自分の身体を守るように教えてくれる重要なサイレンです。痛みというとネガティブなものと思いがちですが、いざというときはこのサイレンが鳴るからこそ、ふだんの私たちは自分の身体の安全を意識しないでいられるわけです。痛みは、ある意味ではありがたいものです。

もっとも、このように痛みをサイレンととらえるのは、ひとつの解釈の仕方であって、必ずしも普遍的なものではありません。痛みは単なる生理現象ではなく、文化的な側面を持っており、時代や地域によって感じ方が変わるからです。★1

たとえば、西洋では一八世紀ごろまでは痛みの部位や質に注意を払う発想がなかったといいます。当時はまだ解剖学が発達しておらず、痛みの原因は四つの体液のバランスという全身的な問題に起因すると考えられていたからです。

あるいはさらにさかのぼって一六―一七世紀ころの敬虔なプロテスタントの日記では痛みの原因を自分の体ではなく神からの働きかけと理解していたことが知られています。★2

本題に戻りましょう。少なくとも現代の日本では痛みをサイレンと理解する人がほどんどです。しかしかんばらさんの脚には、そのような「自然に鳴るアラート」が標準では装備されていません。そこで、自分で意識して、体を監視下に置かなくてはならない。怪我をしていないかどうか、おかしな姿勢になっていないか、常に気遣っていないと、手遅れになってしまうかもしれないのです。

そのような監視体制を、かんばらさんは、「脚に意識を置いておく」と表現しています。「脚に意識を置いておくのは、純粋に怪我のためです。怪我しないのであれば意識する必要はないんですけど、感覚がないから、怪我をしないように意識を置いておくんですよね」。

「脚を意識しておく」ではなく「脚に意識を置いておく」という言い方なのが面白いところです。脚の存在を自分の内側から感じることができれば、それは「脚を意識しておく」ということになるでしょう。

ところがかんばらさんは、脚を実感として感じることができない。だから「脚に意識を置いておく」という外側から注意を払うような言い方になります。そこには、こたつの中で自分の脚を他人の脚と間違えたときのような、脚が自分の外にある物のように感じられる感覚と似ています。

そう、かんばらさんの身体の特徴は、脚の状態を内側からではなく外側から感じるところにあります。

内側から自分の身体の状態を感じるのは、体性感覚の働きです。筋肉や腱に埋め込まれた受容器が伸び縮みの具合を感知し、それによって身体がいまどのような姿勢を取っているかが内側から分かるのです。

それに対して外側から感じるのは、視覚や手の触覚の働きが中心になります。

先のコタツで自分の脚を掴んでしまったエピソードも、コタツの中にある脚を視覚的に確認できなかったために起こったエラーだと考えられます。当たり前ですが、床に車座になっているときに、自分の脚を他人の脚だと間違えることはないでしょう。コタツの場合は、目で見えないから、思っていたのとは案外違う位置に脚があった、ということが起こり得ます。

手の触覚で脚を確認するのは、たとえば脚の温度を確認するときです。「脚が冷えているかどうかを手で確認したりしますしね。脚の感覚がない分、その感覚を補うために視覚を使ったり、触覚を使ったりしていますね」。

視覚ではなく触覚で感じる場合には、経験そのものがかなり特殊なものになります。感覚があれば、自分の身体に触るとは、常に「触られる」感覚とセットになった双方向的な経験です。ところがかんばらさんの体の場合には、そうではない。触るという外側からだけの経験として感じられることになります。

右脚さんに悪い

ところで、こうした「意識を置いておく」感覚は、義肢ユーザーとも共通する部分です。彼らの義肢も、かんばらさんの脚同様、内側からは感じることができないからです。

しかしながら、義肢ユーザーにとっての義肢と、かんばらさんの脚は、本人の意識としては、本質的に異なっているようです。「距離感」のようなものが違っているのです。

まず、義肢ユーザーにとっての義肢は、少なくとも私がインタビューした限り、あくまで

「道具」です。つまり、自分の体の一部ではない。エピソード3の大前さんの「器用さ」という言葉が象徴していたように、義肢は使うものであって自ずと動くものではない。「義足で歩く」というより「義足を使って歩く」なのです。

大前さんは義足でしたが、義手の場合だと、距離はより遠くなります。なぜなら、現時点での義肢ユーザーの大部分は、装飾義手、つまり動かすことのできない義手を使っているからです。物理的な動作のために「使う」ことがない、だから義手は「もの」に近くなります。

それゆえ「意識を置いておく」といっても、義手の場合は注意を払う対象がかんばらさんとは違います。たとえば電車の中のような混んだ場所では、義手がぶんぶん回ってしまうと、まわりの人を傷つけてしまうかもしれない。また義手であると知れることによって、驚かせてしまうこともある。それゆえ、義手という「もの」と「まわりの人」の関係を意識するということになります。

一方、かんばらさんの場合は、距離があるとしても、脚は単純な「もの」や「道具」ではない。物理的に生体の一部なので、当たり前といえば当たり前なのですが、インタビューの言葉の端々に微妙な距離感が感じられるのが興味深いところです。

かんばらさんは、右脚に対して、「自分という感じはある」と言います。一方で、もし事故などで右脚を失うということがあったとしても、「すぐ立ち直れる気がする」とも言います。

かんばらさんにとって、右脚は「あまり意味がない」。左脚は、つかまり立ちのときに支えになるなど、生活のなかで頼りになる存在ですが、右脚は、生かす方法がありません。

自分という感じはあるけど、なくなっても、まあ大丈夫。この「右脚」「左脚」「手」のそれぞれに対する距離感を、かんばらさんはこうまとめます。「手が一番自分に近くて、次が左脚で、右脚はだいぶ遠い存在という感じですね。右脚さんには悪いですけれども（笑）」。

笑いながら付け加えた「右脚さんには悪いですけれども」は、「あ、本音を言っちゃった」という感覚でしょう。機能を持たない以上、確かにそれは「だいぶ遠い」、ややもすると「なくてもいい」存在かもしれない。

でもそういう本音とは別に、事実として右脚はそこにあります。だから、つきあっていかなくちゃいけない。ある種の建前のようなもので、常に意識を置いておく、つまり気を使いつづける必要がある。

「建前」というと聞こえが悪いかもしれませんが、要するにそれは目先の利害関心をいったん離れるということです。かんばらさんの右脚は、確かにそのつどそのつど役にたってくれるような相手ではありません。けれども、うまくやっていくことが、結局自分の身の安全ためになる。だから気を使い続けることが必要です。

ものに見えるものが自分である、という感覚。この「もの」と「自分」が裏側でつながっているという感覚が、義肢とは違うところです。機能レベルでは自分の動作に役立っているとは言えない存在が、でも存在としては自分とつながっている。言葉にすると体とものは全くの別物ですが、実際にはそのあいだにはさまざまなグラデーションがあります。

痛いような気がしてくる

このようにかんばらさんの右脚は、自分の体の一部でありながら、ものと同じように外側からしか情報を得ることができないという点で、いわゆる健常者の体とは情報収集の経路が異なっています。

しかし、本題はここからです。事態はそれほど単純ではありません。

確かに、神経の物理的な情報伝達の実態としては、かんばらさんが脚について知る方法は「外から」です。しかし感覚としてかんばらさんが感じていることは、必ずしもそうではありません。「内からか外からか」が明確には区別できない、もっと曖昧な領域が存在するのです。

たとえば、脚を怪我したとき。自分の皮膚が傷つき、血が出ているのを見ていると、「脚には感覚がない」「痛くはない」という事実がゆらいでくると言います。

「脚から血が出ているのを見ていると、不思議なんですけど、なんとなく痛いような気がしてくるんですよね（笑）。痛くはないんですけど、血が出ているということで、痛いっていう感じになってくるんですよね」。

そう、視覚的に感じているはずの「怪我」が、単なる「外側からの情報」では収まりきらなくなり、内側からの痛みの感覚のようなものが伴いはじめることがある。そうかんばらさんは言うのです。

ポイントは、痛みを感じるのが、実際に怪我をした瞬間ではなく、怪我に気づいたときだということ。「脚をやけどしたときは何ともなくて、水ぶくれができているのを見たら痛いような気がしたりするから、たぶん感覚はないんだろうと思います」。つまり残存している脚の神経が反応しているのではなく、あくまで視覚から情報が入った結果として、こうした痛みが生み出されていると考えられます。

もちろん、痛みといっても「ヒリヒリする感じ」や「ズキズキする感じ」のような明確な痛みを感じるわけではありません。あくまで「モワモワする感じ」だとかんばらさんは言います。「明確に痛いわけじゃないんだけど、足元がモワモワするというか、痛いような気がする状態、なんか違和感がある状態です」。

「足元がモワモワする」と言っているのが興味深い点です。確かに誰しも、他の人の体が傷ついているのを見ると、痛みのような感覚を感じることがあります。けれどもこの場合には、必ずしも傷つけられているのと同じ箇所に痛みを感じるわけではありません。

ところがかんばらさんは「足元が」モワモワすると言っている。ふだんは外側からしか知ることのできない脚に、明らかに内側からの感覚が生み出されようとしています。

ラバーハンド錯覚

もし、かんばらさんが下半身だけでなく全身の感覚を欠いていたら、このようなことはおそらく起こらなかったでしょう。無痛症という、全く痛みを感じない体を持つ人もいるからです。かんばらさんの場合には、上半身での痛みの経験があったから、視覚的な怪我の情報に刺激されて、「痛いような感じ」がつくり出されたのだと考えられます。怪我をしている。ということは、痛いはずだ。目で見た下半身の怪我を合理的に説明するために、痛みという「証人」が、上半身を参考にしてでっちあげられたと考えられます。「怪我に気づいていないと、モワモワしている感じもないので、目で見て、脳が何かしら理由をつけようとしているんじゃないですかね」。

感覚というと、一般には、皮膚や目や耳といった感覚器官が受容するものと理解されています。末端の感覚器官が受け取った刺激が、信号に変換されて脳や脊髄といった中枢神経に送られる。運動指令が中枢から末端に向かうのに対して、感覚情報の流れる向きは末端から中枢である。そう教科書にも書いてあります。

けれども、実際の感覚はもう少し複雑であることが知られています。感覚は必ずしも、感覚器官が受け取るものではない。その逆、つまり中枢から送られる感覚もあるのです。かんばらさんの脚の「痛さ」も、こうした機能と関係があると考えられます。

中枢から末端に送られる感覚。この逆方向の感覚の存在を示す有名な例が、ラバーハンド錯覚です。

ラバーハンド錯覚とは何か。まず、自分の手とゴム製の偽物の手（ラバーハンド）を机の上に並べて置きます。そして自分の手と偽物の手のあいだに衝立をたてるなどして、自分の手が直接見えないようにします。そして二つの手を同時に筆でこすります。すると、見えている偽物の手を自分の手だと思い込んでしまうのです。

まさか、と思うかもしれませんが、「これが自分の手だ」と認識する対象が混乱していることは、二つの手に違う刺激を与えてみると分かります。たとえば、ある研究★3によれば、本物の手の上にプラスチックのブロック、偽物の手の上に氷を同時に置くと、多くの人が冷たさを感じるそうです。

逆に、偽物の手に置くものを、氷からプラスチックのブロックに変えると、暖かさを感じるそう。本物の手に乗っているものは同じなのに、目から入る情報によって、触覚の感じ方が左右されるのです。

感覚の予期

ここで起こっているのは、視覚情報に対して、それを補うような皮膚感覚が作り出されている、ということです。皮膚からそのような情報が伝わったわけではないのに、「そうであるはずだ」という予測的な感覚が、皮膚の上に感じられているのです。

こうしたことは、ラバーハンド錯覚のように、自分の体でないものを自分の体だと思い込むような、特殊な状況でのみ起こるものではありません。起こるだろう感覚を予測することは、脳の働きとしてはいたって正常なものです。

人工知能の開発を通して人間の知能や体について研究している三宅陽一郎は言います。「知能は、外部に起因する感覚を予測しているわけです。予測にはある程度感覚を調整する機能があって、あらかじめ『冷たい』ものがふれるとわかっていれば、ある程度身構えることができます。重いものを持つ前に、重いものを持つために必要な信号が身体に行き筋肉が緊張する、同時に脳の中でその重いものを持つ身体の運動が予測されます★4」。

感覚と運動は連動しています。実際の感覚がやってくるより前に、その対象に触れたらどんな感じか予測して身構えている。先の氷の例でいえば、「脳の中で『これは冷たいはずなので、ちょっと身構えてね』という指令がいき、そして実際に冷たいと感じてしまう」のです。

かんばらさんのケースで言えば、怪我を見たことによって、実際に痛みを感じるよりも先に、痛みがくるだろうということが予期された。その予期された痛みが、「足元がモワモワする痛いような感じ」として感じられたと考えられます。上半身の経験からくる予期。実際の痛みが来ないので、この予期された痛みだけが感じられることになります。

ちなみに、こうした感覚の予期と密接に関係しているのが、「くすぐり」です。[★5] 親しい人に足の裏やお腹をくすぐられるとくすぐったいのに、自分でくすぐると全くといっていいほどくすぐったくありません。

その理由は、自分でくすぐると、触れるタイミングや強さが予測できてしまうから。他人からくすぐられる場合は、いつどのような刺激がくるか正確に予測ができず、そのずれからくすぐったさを感じますが、自分でやる場合には不意打ちの要素がないために、くすぐったくないと考えられます。

私たちの体は、どこまでが自分かという境界においても、どこからが実際に感じている感覚なのかという境界においても、きわめて曖昧なものです。かんばらさんの体は、この曖昧さに記憶が大きく作用しているケースです。上半身での経験の記憶が、下半身が感じるはずの感覚の予測を生み出す。空間的な断絶のある体だからこその、「記憶の染み出し」とでもいうべき現象です。

★1 デイヴィド・B・モリス（渡邉勉、鈴木牧彦訳）『痛みの文化史』紀伊國屋書店、一九九八年
★2 伊東剛史、後藤はる美編『痛みと感情のイギリス史』東京外国語大学出版会、二〇一七年、一〇五―一四〇頁
★3 Shoko Kanaya, Yuka Matsushima, Kazuhiko Yokosawa, "Does seeing ice really feel cold?: Visual-thermal interaction under an illusory body-ownership," PLoS ONE, November 2012
★4 三宅陽一郎『人工知能のための哲学塾』ビー・エヌ・エヌ新社、二〇一六年、二五二―二五三頁
★5 山口創『皮膚感覚の不思議』講談社、二〇〇六年、一二五―一五四頁

EPISODE 5

後天的な耳

集団的記憶

記憶は過去のものですが、現在を理解するための手がかりになります。だからこそ、記憶は伝播する。ある経験が、それを経験していない者によって使われるのです。

かんばらさんのエピソードは、体のある部分の経験が別の部分によって使われるような伝播でした。しかし伝播はそれだけではありません。ひとつの体が持つ物理的な輪郭を超えて、ある人間から別の人間へと、記憶が伝わるということがある。それは文化の領域です。

そもそも、記憶とは必ずしも個人的記憶に限られません。たとえば、原爆ドームを見て太平洋戦争に想いを馳せる。実際に戦争を経験している人にとってもそうでない人にとっても、この連想は少なくとも日本人ならばきわめて普遍的なものでしょう。記憶は、複数の人間から成る集団や社会において、伝えられたり、共有されたりするものでもあります。

こうした集団的な記憶の形成に役立つのが、写真や映像、あるいは書かれた文章などです。そうしたメディアを通して、記憶を失わずにすんだり、実際に身をもって経験したことのないことでも知ったりすることができます。

ただし、必ずしも文字通りの「記録」だけが記憶に関わるとも限りません。文学や絵、映画やマンガなどのフィクションも、その集団における場所や出来事の捉え方に大きな影響を与えます。丸木夫妻の絵画や『はだしのゲン』が、少なくともある世代の原爆の記憶に大きな影響を与えていることは間違いありません。

この章では、小説を読んだり絵画を見たりする過程で、障害のある人の体に何が起こっているのかに注目します。それは、集団的記憶と一人一人の体の関係を読み解くことでもあります。

確かに、小説や絵画は集団的記憶の形成に関わります。でも、その場合の記憶とは、基本的には健常者の体を基準としたものです。目が見えない人や、耳の聞こえない人にとっては、必ずしも身体的にリアリティのある内容とは限りません。

このことは、言い換えれば、小説を読んだり絵画を見たりする経験が、二つの異なる体が出会う場であるということです。

ある人が書いた文章を、別の誰かが読む。はるか昔に書かれた文章を読むと、当時の風習や考え方に驚くことがありますが、同じことが障害者の読書に関しても起こります。つまり、文章を書いた人の体と、それを読む人の体が大きく違う場合、それらが互いに軋みあったり、あるいは逆に混じり合ったりするのです。それは絵画においても同様です。

異なる体の記憶が、別の、しかも条件の異なる体と出会う。この接触は、違和感を生み出すこともあれば、逆に体を変えるような学びの機会になることもあります。そうした「自分のものでない記憶との出会い」について、考えてみたいと思います。

「席数5」のレストラン

中瀬恵里さんは、全盲の読書家です。先天的に全盲ですから、そもそも「見る」ということがどういうことかを経験的には知りません。それゆえ、目が見える人の文章を読んだときに、小さな違和感を感じることがあると言います。

たとえば小説で、レストランの店内の様子が描写されていたとします。「店の扉をあけると、カウンターのほかにテーブル席が五つあった」。たとえばこんな何気ない描写であったとしても、中瀬さんにとっては、違和感を感じると言います。

それはどんな違和感か。「細かい」と中瀬さんは言います。「本を読むとすごく情報が細かい。ふだん知らないようなことも書いてあって、『へー、テーブルが五つ』みたいな（笑）。行きつけのお店でも数えたことないような情報が入ってくるから、細かいな、と思います」。「細かい」という反応は、中瀬さんが実際にレストランに行くときの経験の記憶と、本で描写されている情報を比較することから生じています。中瀬さんは、行きつけのお店であってさえ、わざわざ席の数を確認したことはない。ゆえに思い出そうとしても思い出すことができない。

それは意識していない、記憶していない情報です。

ところが、目が見える人が書いた文章には、平然と席の数が「五つ」と明示してある。自分が意識・記憶していない情報が描いてあるがゆえに、中瀬さんはそれを「細かい」と感じているのです。

経験のパターン

注意しなければならないのは、この差異が、単純な情報の「量」には還元できないということです。

確かに目が見える人の記述は、中瀬さんが意識・記憶していない情報も含まれているという意味で、情報量が多いように思えます。しかし「テーブルが五つ」という情報によって、目が見える人が何を伝えようとしているかを考えれば、そこに「質」の問題も関わっていることが分かります。

目が見える人がレストランの席数を記述するとき、多くの場合それは「レストランの規模」を読者に伝えることが目的でしょう。もちろん、推理小説などでは「5」という数そのものが重要になる場合もありますが、たいていは数は手がかりにすぎません。

「五席」であればかなり小さな、こじんまりしたレストランでしょうし、「一〇〇席」となればファミレスのような、店員さんが端末を持って注文を取りに来るような機械化された店をイメージします。席数という情報を手がかりに、目が見える人は、店舗の空間的な広さやタイプ、料理の価格帯、想定されるコミュニケーションなどについてのイメージをふくらませます。

では全盲の方がレストランに行くとき、彼らはこうした店の規模に関する情報を得ていないかというと、必ずしもそういうわけではないでしょう。お客さんの会話のトーン、BGMや環境音が反響する具合、あるいは頬にあたる空気の流れを手がかりに、彼らは瞬時に「規模」を把握しているはずです。

中瀬さんも言います。「たとえば初めてのレストランに行ったとしますよね。そうすると、広そうなレストランなのか、こじんまりしたレストランなのかは、なんとなく雰囲気で分かります」。ただ、それを「席数」という数では表現しないだけです。

加えて、見える人が席数を描写するのは、レストランに入ったときに、「自分（たち）の席を選ぶ」意識があることとも関係しているでしょう。店のなかで、どこに空席があり、どこが人数にふさわしく、かつどこが最も居心地がよさそうか。つまり目の見える人の多くが、レストランに入った瞬間、「テーブル」に意識を奪われているのです。

だからこそ「席数」の描写があっても不自然には感じない。これに対し、目の見えない人は、特に初めて入るレストランでは、自分で席を決めるのではなく、介助者や店員に案内されて席につく、という形になります。つまり、「テーブルの状況を把握しなくちゃ」という習慣がない。こうした意識の違いも、描写の違いの一因であると考えられます。

背中で思い出す記憶

このように、目の見えない人と見える人では経験のパターンが違っており、だからこそ、「自然だ」と感じる描写のパターンも違ってきます。そのギャップが「細かい」というような量的な多少として感じられたとしても、その背後にあるのは、経験の質的な差異です。

実際、中瀬さんは、見える人が行う描写について「落ちている」と感じる情報もあると言います。中瀬さんの経験の記憶からすれば「あって当然」の情報が、書き込まれていないのです。中瀬さんは言います。「本の描写では、椅子が何脚で机が何脚で、ということは書いてあるんですが、材質や座り心地はあんまり書いていない。テーブルも、四角いか丸いかはあんまり書いてない。触覚とか匂いとか、そういうものは見える人の書く本からは落ちている気がします」。

近代以降の文学において、描写とは基本的には「視覚的な描写」を意味します。絵画のように、あるいは演劇のように、場面や人の行為を、読者の目の前にありありと見せること。これが描写の役割とされてきました。それゆえ、触覚や嗅覚の情報は、相対的に「落ちやすい」。もちろん、「鼻をつく匂いが漂ってきた」のように、描かれることもあるでしょう。しかしそれはあくまで視覚的な描写に対しては補足的な位置にとどまります。

一方、中瀬さんの場合は違う。とらえるのは、触覚や嗅覚の情報によって構成される世界です。「自分の場合は、ベンチに座ったら、お尻がくぼんでいるなとか、ずいぶん柔らかいなとか、どういう座り心地なのかは意識する、というか勝手に入ってきちゃうんです」。

ちょっと極端な言い方をすれば、言葉の定義そのものが違っている、とでも言えばいいでしょうか。「椅子」と言われたときにイメージするものが、見える人と見えない人では違っているのです。「あの行きつけのレストランの椅子」と言われたら、見える人であれば、椅子の色や形、素材を思い出すでしょう。

しかし中瀬さんは違います。「椅子の背がカクカクしていたかとか、椅子を引いたときの重さとか、思い出しますね」。「あとは手触り。木って言ってもトゲが刺さりそうなやつなのか、山小屋みたいな［丸太の］凸凹のやつなのか、ニスっぽいきれいなやつなのか、そういったことは手触りで覚えていますね」。

このような触覚的な記憶についての話を聞くと、「そもそも記憶とはどこにあるのか」という哲学的・脳科学的な大問題にぶちあたります。

視覚的な記憶を思い出す場合、少なくとも私たちの実感としては、「頭に思い浮かべる」のであって「目で思い出している」わけではありません。一方、触覚は全身に広がっており、「どこで感じたのか」（手のひらなのか、背中なのか、足裏なのか）という位置の情報も、そこには含まれています。となると、記憶に関しても、位置の情報が何らかの形で再生されるのではないか。

中瀬さんも言います。「椅子の触感とかは、座ったときの感覚がよみがえる感じですね」。それはまるで、「背中で思い出している」ような記憶のあり方です。

雰囲気か追体験か

何が描写されるかは、何が記憶されるかに直結します。この点に中瀬さんが敏感なのは、彼女のふだんの仕事も関係しています。

彼女は企業の中で、社内広報の仕事をしています。社員向けのサイトに記事を書いたり、その翻訳の手配をしたりしています。

そうすると、必ずしも彼女にとって自然ではない仕方で、情報を提示する必要が出てくる。

つまり、「見える人に見せる」ためのルールに従う必要が出てきます。

容易に想像がつくように、違いが顕著に出るのは「写真」の位置づけです。「あるニュースをなるべく早く伝えなくちゃいけない、でも担当の部署から写真が来ない、となったときに、見えない人の感覚だと、とりあえずアップしておいて、写真はあとから追加すればいいよね、となると思います。でも見える人中心の社会なので、写真がないのだったら掲載を延期してでも写真を待ったほうがいい、と言われることも多い」。

確かに、さまざまな情報が入り乱れる現代のネット環境においては、パッと目を引く写真の重要性が、ますます高くなっていると言えます。写真なしで公開しても注目されないという理由で、鮮度を犠牲にしてでも写真が届くのを待つ、という中瀬さんの会社の判断も、見える人の感覚からすると「十分にありえる」ものです。

ただしここで重要なのは、見える人は視覚情報が必要だが、見えない人にとってはそうではない、という表面的な違いではありません。中瀬さんが気になるのはむしろ、「知る」の構造の違いです。自分が直接経験していないことを知ろうとするとき、見える人と見えない人では、求めるものが違います。何をもって「知った」と思えるのか。それは記憶の伝播のパターンに直結します。

その違いは、「雰囲気の共有」と「出来事の追体験」という違いではないか、と中瀬さんは言います。中瀬さんは、見える人の場合、雰囲気が分かることをもって、その出来事のことを「知った」と思う傾向があるのではないか、と言います。「やっぱり、『百聞は一見に如かず』じゃないけれど、状況をパッと見て『こういう雰囲気だったんだな』というのを、写真から理解したいというのがあるんでしょうね。だからＳＮＳでも写真を載せると『いいね』がいっぱいついたりするんだと思うんですが」。

それに対して、見えない人の場合には、時間的に順を追って、できごとの流れをフォローしたいと言います。「見えない人の場合は、記事を読んだときに、プログラムを追体験しているみたいな感覚が欲しいのかなと思います。『あ、こういうことがあって、こういうことがあって、こういうことがあったんだな』みたいなのが分かることに価値があると思っているというか。見える人でもそういう面はあるんでしょうが、文章に書いてあるじゃん、というふうにはならない」。

ひとことで言うなら、見える人は瞬時に、全体を把握したい。文章もまず「全体をざっと読む」ということをしたい。その分、細部の正確さは後回しになりがちです。一方、見えない人は、ひとつひとつ、細部をつみあげることによって把握したい。時間はかかるけれど、その分正確な知り方です。

背後に感じる気配

このように読書は、ときとして、書き手と読み手のあいだの体の違いを、明瞭にあぶりだす機会になります。それは小さな違和感を生み出しますが、中瀬さんにとってこの違和感は、「自分に合っていない」という嫌悪につながるというよりは、見える人の世界と自分の世界の違いを発見し、探求するきっかけになっています。

一方で読書は、書き手の体と読み手の体を、「混じり合わせる」場にもなります。自分と違う体について知る経験が読み手に蓄積された結果、その体が「インストール」されるようなことが起こるのです。

木下知威さんは、生まれつき耳が聞こえません。しかし聞こえる人とともに育ち、生活してきた方であり、そしてとりわけ多くの本を通じて、聞こえる人の文化に精通しています。そんな木下さんと筆談で話していると、「あれ、この人聞こえるんじゃないのかな?」と思えるような不思議なエピソードが出てきます。

たとえば、木下さんは、「背後から何かが近寄ってくる気配」を感じることがあるといいます。「気配」とは通常、足音や衣摺れのような音を通して感じられるもの。あるいは、それ自体音を出さないものであっても、背後に人が立った場合のように、空調の音など環境内の微弱なノイズの聞こえ方が変わることによって、感じられるものです。いずれにせよ、音がきっかけとなるような気配は、木下さんにとっては無関係のものであるはずです。

ところがそうではない、と木下さんは言います。「わたしの怖いものはいろいろですが、後ろからの怖さはあって、それがわたしと他人でどう違うのかは分からない。背後の気配を感じるには、小さな物音や足音なり何かの『しるし』がありますが、わたしにとってそういう音は感じられなくて、でも、何となく何か怖い気持ちがあって、振り返ったら何もないや、というのは一、二回ではありません」。

つまり、木下さんは、耳が聞こえないにもかかわらず、あたかも聞こえる人のように、背後の気配を感じると言うのです。「気になって後ろを振り向く」という反射的な動作まで同じ。振り向くことは、聞こえる人が恐怖を感じたときにとる、ごく自然な反応です。物音がした。なぜその音がしたのか、目で見て確認したい。だから振り返るのです。音源が分からないことこそが、恐怖の原因だからです。

推理小説と補聴器

そのような感覚を持つに至ったきっかけとして、木下さんは、推理小説やホラー映画を楽しんだ経験をあげています。「たとえば、推理小説、ポオの『モルグ街の殺人』やドイルの『まだらの紐』では、音が犯罪に結びつくシーンがありますよね。そこはどきどきしながら読んだのを覚えていて、なんだか後ろが気になったりする。音の主が何者か見えないことの怖さはわたしにもあるのではないか」。

つまり木下さんは、読書の経験を通じて、「耳が聞こえる人が、背後の音を怖いと感じるシチュエーション」のパターンを知った結果、実際にそのようなシチュエーションに置かれたときに、自分自身でも怖いと感じるようになったのです。小説の中の登場人物、ひいてはその背後にある著者の感じ方が、聞こえないという生理的な条件を超えて、木下さんの現実世界での経験を作るパターンになっているのです。

木下さんの読み方は、「感情移入」ならぬ「身体移入」と呼びたくなるような方法です。登場人物が置かれた状況を理解するのにあたって、単に感情レベルでなぞるのではなく、その感情を生み出した感覚レベルでなぞろうとする。

小説も映画も時間的な芸術ですから、その流れの中で、登場人物の身体感覚をトレースする、ということが行われやすい。登場人物の一人称視点に同一化しているうちに、聞こえる人の経験のパターンがインストールされています。木下さんは、それを単に「聞こえる人はこういうふうに感じるものだ」という知識として知るのではありません。まさに自分の身をもって、その状況を感じています。

ただし、この「インストール」は、まったく手がかりのないところで行われたわけではないようです。つまり、木下さん自身の中に、関連する経験があった。それは幼い頃の、補聴器をつけていたときの経験です。

木下さんは、子供の頃は補聴器をつけていました。補聴器をつけると、何の音かは分からないけれど、とにかく音は入ってくる。すると、道を歩いていて後ろからバイクや車が通りすぎるとき、一定の拍子を持った音が聞こえて来て、「ああ、何か来るな」と振り返ることがあったそうです。振り返ったときには、そのバイクや車がすぐそばまで来ている。「ニュッとそれがわたしに近づいてくるのがみえる。それはいつもひやっとする経験でした」。

推理小説を読むとき、あるいはホラー映画を見るときに感じられる「気配」は、こうした経験と関係があるのかもしれない、と木下さんは言います。「文学や映画における恐怖の音そのものは知りませんが、後ろからすごいスピードでやってくるバイクや車の音を想像すれば、姿のみえない、何か得体のしれないものの音がもつ恐ろしさという意味ではリンクしていると思う」。

木下さんの場合は、聞こえの状態に対して補聴器の性能に限界があったため、補聴器をつけても、音を明確に聞き取るということが難しかったそうです。そのため、背後からの音は特に「得体の知れないもの」になりがちだった。つまり、聞こえる人が感じ取る音源の分からなさとは違う理由で、音源の分からなさを木下さんも感じていた。その経験が、推理小説や映画の気配の怖さを理解する手がかりになっていると考えられます。

その意味では、文学や映画を通じて、聞こえる人の経験のパターンが純粋にインストールされた、というのは少し違うかもしれません。むしろ、類似した、でも実際には関係のない二つの経験が、小説や映画を通じて混じり合い、その結果、木下さんが「背後から気配の怖さらしきもの」を感じるに至った、と考えたほうが正確かもしれない。いずれにせよ、木下さんがこれほどの読書家でなかったら起こり得なかったことです。

文化的構築物としての耳

こうした事例を見ていくと、感覚器官とは生まれつき持っている、生理的なものだけなのだろうか、という気がしています。

つまり、生理的な意味での器官は持たなくとも、小説や映画などを通じて文化的に構築される器官もあるのではないか、と考えたくなります。「耳」を、木下さんは後天的に獲得したかのようです。

そう言いたくなるのは、木下さんがある絵画を見たときの経験を話してくれたからです。推理小説やホラー映画で感じる背後の気配は、とはいえ、「音そのものを感じる」というものではありませんでした。むしろ、「音源が分からない恐怖を感じて振り向く」という経験のパターンの方に力点がありました。しかし絵画のケースでは、木下さんは、実際に「耳の奥に振動を感じた」と言うのです。

その絵画とは一七世紀オランダの画家ウィレム・ファン・デ・ヴェルデの『砲撃』。戦艦が砲撃を受け、すでに人びともボートで逃げ出しているらしい様子を描いている作品です（一三三頁参照）。

この絵を見たとき、木下さんは、「耳の奥がかすかに振動しているのを体内で感じ」たと言います。「わたしの耳、正確には鼓膜のあたりには残響が残る。聴者でいえば、轟音で耳がしびれたような感じと似ているかもしれない」。

そう、大砲が発砲される状況を視覚的に見たことが、木下さんの耳にしびれたような感覚を生み出したのです。後天的に獲得した「耳」が、ほとんど生理的な耳のように、「生き」始めているのです。

ここで重要なのは、「振動」の存在でしょう。中瀬さんの「視覚」とは異なり、木下さんの「聴覚」は、それに隣接する「振動」という刺激を持っています。聞こえない人でも、振動は感じることができる。すると、「この先に音という領域があるのだな」という推測が可能になるのです。

木下さんは、こう語ります。「いまのわたしが何かを知覚するときは、主に振動と視覚を使っていますね。コーヒーカップをこうやって置いてみると、ソーサーとカップがぶつかりあう、カチッという振動があります。音はしません。その手に伝わる振動が、音の代替みたいなものです」。

ソーサーとカップのぶつかる感触を「振動」と呼んでいるのが面白いところです。おそらくそれは、「音」と結びついているから「触覚」ではなく「振動」なのでしょう。木下さんは言います。「異質なものどうしが触れ合ったときに、かすかな振動が生じうると思っています」。

実際、木下さんの「接触」の記憶は非常に敏感です。「肩をたたいて呼ばれるとき、その人の独特の強弱のあるたたき方、リズムを記憶しています。たたかれて、あ、◯×さんかな？と予測できるレベルです。それに、美容院で美容師の手が頭にあたるときの感覚も覚えている

ウィレム・ファン・デ・ヴェルデ『砲撃』1680年頃

ものです。逆に、ボールペンで肩を叩かれたときやいきなり殴られるような叩き方といった、不快な感触とリズムも忘れることができない」。

木下さんが『砲撃』を見たときに感じた鼓膜の振動も、おそらく、こうした振動に対する敏感さと絵が結びつくことによって生じたと考えられます。具体的には、打ち上げ花火を見たときに全身で感じる振動、あるいは窓ガラスや鞄など身の回りのものを通して感じる振動は、『砲撃』のイメージと直結していると考えられます。

甘えん坊な音

つまり、木下さんにおいては、読書などで知った「聞く」をめぐる知識が、補聴器で聞くノイズ混じりの音や振動についての具体的な経験に補完される形で、「後天的な耳」という不思議な現象を生み出していると考えられます。これが、文化的に構築された後天的な耳です。木下さんは、この耳で音を「聞いて」います。

とはいえ、木下さんが「聞く」音は、やはり生理的に聞こえる人が聞く音とは、まったく同一のものではありません。木下さんもそのことを自覚しています。その違いを説明する木下さんの表現が面白い。彼にとって、音は「甘えん坊」だと言います。

なぜ「甘えん坊」なのか。音を振動として感じるということは、音を触覚的に感じるということを意味します。つまり音を、自分の体そのものの震えとして感じることになる。

たとえば、先にも出た打ち上げ花火を例にとってみましょう。その「ドーン」という音は、聴者にとっては「花火の音」として、つまり対象に属するものとして感じられる情報です。ところが自分のお腹にずしんとやってくる衝撃は、原因が花火だと分かっていたとしても、あくまで「私のお腹の震え」として感じられます。振動の知覚は、私の体から離れることがないのです。

木下さんは言います。「音は母親から手を離さない甘えん坊のように、片時も離れることなく常にわたしの身体にぴったりとくっついているがゆえに、空気のなかに音が躍動して消え去っていくことをわたしは追認することができ」ない。なんとも面白い表現です。「聞こえない」という意味では、音は、木下さんにとって「疎遠なもの」であるはずです。けれども、振動の特性によって、かえって音と「一体化」している。遠いが故に近い。何ともアンビバレントな関係です。

この関係が特に際立つのは、聞こえない木下さんが声を発するときです。声を出すとは、言うまでもなく、ある音を相手にとどけることです。その一方で、木下さんにとって自分の声は、喉の振動に他なりません。それゆえ、自分の声を想像的に「聞く」ためには、甘えん坊の音＝

振動を、自分から引き剥がすような感覚が必要だと言います。木下さんの文章から引用します。「まとめていえば、聾の身体は自ら発声しても、それを自分の身体から引き離すことができない。ゆえに、わたしはなにかと対峙したときに、その世界に入り込むために自分の身体から声を剥がすという行為をおのれに求めている。一生、おのれの耳で音をきくことはないであろう身体からすれば、耳で聴くことは夢や想像の世界でしかなく、自分に寄り添おうとする声を引き剥がさなければ、耳で聴くことを想像することができないからである」[★1]。

感覚は純粋に生理的なものではありません。文字を含め、人類が生み出した技術は、人間の生理的な能力を拡張するためにあると言われます。本を読めば、自分が経験したことのないことを擬似的に経験することができ、その知識はその人の感じ方、世界の捉え方を変えます。障害と読書というと、「情報保障」のような福祉的な視点が中心になりがちですが、「異なる体の出会い」としてそれを捉えてみることも、多くの発見をもたらしてくれます。

「聞こえない」から「聞こえる」

最後にひとこと付け加えるならば、そもそも生理的な能力とは曖昧なものである、ということです。「聞こえる」とは何か？　ここからここまでが「聞こえる」で、ここからは「聞こえない」である。そんな線引きをするのは、あまり現実的な作業とは思えません。

たとえば、『砲撃』で想定されている場面では、音のボリュームがきわめて大きいために、生理的に聞こえる人にとっても、身体への触覚的な衝撃を伴っています。逆に推理小説などで描かれる「背後の気配」は、「聞こえたような気がする」場面、あるいは「聞こえないはずの音が聞こえる」場面です。音はとても小さいか、不確かな状況です。

「目の前にいる人がしゃべっているのが聞こえる」のような場合の「聞こえる」は比較的明確です。けれども『砲撃』や「背後の気配」にかかわる「聞こえる」は、聴覚が別の感覚にまたがる場面や、思い込みと区別できなくなるような場面です。そのような「聞く」の周縁領域においてこそ、木下さんの文化的な耳は「聞いて」いるのです。

メディアアーティストの落合陽一と日本フィルハーモニー交響楽団が行なっているプロジェクトに「耳で聴かない音楽会」というものがあります。振動と光で音を感じる装置を使って、耳が聞こえない人も一緒に楽しめるコンサートを開こう、というもの。

そのコンサートの中で、ジョン・ケージの『4分33秒』が演奏されました。『4分33秒』といえば、一九五二年にデヴィッド・チュードアによって初演された楽曲。楽譜には「休止」の指示しかないため、楽器の音は存在しません。しかしそのぶん、咳払いやパンフレットをめくる音など、会場に満ちるノイズに意識が向くことになります。

『4分33秒』は、まさに「聞く」の輪郭を問う作品だといえます。聞こえない。だから聞こえる。演奏会後の鼎談で、耳に障害のある女の子が「いまの音楽は複雑です」と言ったことを受けて、落合は、「くそーっ、彼女はジョン・ケージの意を得たり」と思ったと語っています。[★2]

木下さんが「甘えん坊」という言葉で表現したように、「聞く」は、他の感覚に比べても「対象を知覚する」ことと「自分を知覚する」ことの区別がつかなくなる感覚です。『4分33秒』をケージが構想したのも、無響室に入ったときに、彼自身の神経が働く音と心臓の音が聞こえたことがきっかけだったと言われています。客観と主観の区別が曖昧になる。だからこそ、聞こえる体と聞こえない体が混じりあう余地が生まれると言えます。

★1　「声を剥がす」『共感覚の地平』所収、二〇一二年、六一—七二頁。https://researchmap.jp/mutejxh5p-17185/?action=multidatabase_action_main_filedownload&download_flag=1&upload_id=27231&metadata_id=9940 [PDF]

★2　https://www.asahi.com/and_M/20180808/155071/

幻肢と義肢のあいだ

EPISODE 6

私の中では右手はある

倉澤奈津子さんは、二〇一一年に骨肉腫で肩を含む右腕をすべて切除しました。骨肉腫とは骨にできる癌。一〇代から二〇代の若年層がかかることの多い病気ですが、倉澤さんは四〇代半ばで罹患しました。

病気になって腕を切除、余命五年と宣告されます。その目標をすぎて七年ほどが経ち、「ここ一年くらいはおまけという感じ」と倉澤さんは言います。

この七年は基本的には義手をつけずに肩パッドのみで生活してきました。七年経ったということは、子供でいえば小学校にあがるくらいの年が経ったということです。「たとえば人前でご飯を食べるときに、以前は手を添えられなくて食べにくかったのですが、七年経つと習得して、小学校一年生というか、『わたし、上手に食べられてるな』と思えるようになってきました。もともと右利きだったのですが、今は左で食べられています」。

こうして倉澤さんは、左手のみで生活するという一つのステップをクリアしました。私がインタビューをしたのは、その段階から、次のステップに移ろうとしているタイミングでした。

次のステップとは、義手を作ること。

義手を作るとは、言うまでもなく、代わりとなる右手を獲得することを意味します。右手がつくことで、たとえば左に傾きがちだった体の中心線が、正しい位置にもどるかもしれない。洋服を着るにしても、着こなしがしやすくなるかもしれない。様々なメリットが見込まれます。

けれどもそれは同時に、失うことでもあるかもしれない、と倉澤さんは言います。どういうことか。今の自分の体について、倉澤さんはこう断言します。「見えないけれど、私の中では右手はある」。見えないけれど存在する手。そう、幻肢です。

詳細はのちほど述べますが、義手をつけることは、幻肢に大きな影響を与える可能性があります。幻肢が小さくなるかもしれない。あるいはなくなるかもしれない。

それは、基本的にはよいことです。なぜなら幻肢は、幻肢痛とよばれる慢性的な強い痛みを伴うからです。幻肢がなくなれば、その痛みから解放されることを意味します。

倉澤さんも、もちろんその効果を狙って義手作りを計画しています。ところが、一方で、割り切れない気持ちもある。倉澤さんは言います。「手の記憶をなくすようで寂しい」。私の中では右手はある。幻肢とは、いわば、存在していた腕の記憶が形をとったものです。その証拠に、先天的に欠損している人は、基本的に幻肢を持ちません。

だからこそ、義手を使うことによって幻肢が失われるとしたら、それは「腕を忘れる」ことを意味します。確かに、幻肢痛の痛みが軽減されるという意味では喜ばしいことかもしれない。

でもそれは、幻肢痛があるという痛みが、腕がないという悲しみに変わることかもしれない。そうだとしたら、それは「寂しい」と倉澤さんは言います。

胴の中に入った幻肢

そもそも、倉澤さんが今ともに生活している「右腕」とはどのようなものなのでしょうか。エピソード3ですでに書いたとおり、幻肢とは、切断してないはずの腕や脚を、あるかのように感じることです。けれども、感じるのはあくまでその「存在」であって、幻肢が、もとの腕や脚と全く同じ形、全く同じ機能を持っているわけではありません。人によってはもとの腕よりも幻肢の方が短かったり（これはかなり気持ち悪いそうです）、動かせるけど指の本数が少なかったりする。幻肢の状態は人によってかなり多様性があります。

倉澤さんは、右肩から先を切断しているので、それに対応する肩から先全体の幻肢があります。ある程度、動かすこともできる。肩甲骨がなく鎖骨も半分切除していますが、筋肉が残っているので、幻肢の肩をいからせようとすると、実際に肩が上がる感覚があるそうです。肘も後ろに引くことができ、引いてみると肩甲骨を寄せている感じがある。ただし、肘を前や上に出すことはできないと言います。

そんな一定の可動性を持つ倉澤さんの幻肢の中で、明らかに動きを制限されている箇所があります。それは「手」。つまり腕の先の、手袋をはめる部分です。倉澤さんの幻肢の手は、指だけでなく、手の位置そのものを自由に動かすことができません。

手が動かせない理由、それは、手が「胴の中に入っている」から。イメージとしては、ポケットに手が入ったまま身動きがとれない状態に近いでしょうか。「手の部分が体から出ない」と倉澤さんは言います。

最初にこのことを聞いたとき、私はかなり驚いてしまいました。なぜなら、一般に幻肢はもとの腕や脚の記憶と関係していると考えられているからです。しかし倉澤さんの幻肢は、明らかに、もとの腕のあり方とは違っています。

当たり前ですが、手を物理的に胴の中に入れることはできません。つまり、倉澤さんの幻肢は、もとの腕の記憶と異なるどころか、経験していないはずの感覚までをも含んでいるのです。

興味深いのは、にもかかわらず、倉澤さんが幻肢の位置を迷いなく答えられることです。まるでカバンの中に入った鍵でも探すかのように、自分の体に探りを入れて、そして明確に答えることができる。「埋まっているのかな……自分のボディを感じてみると、あ、やっぱり埋まってますね」。

しかも、倉澤さんが感じる手の位置は、日によって微妙に変わるそうです。自分で意志して動かすことはできないので、毎日どこに行っているか、探すことになるそう。「毎朝目がさめると、手の位置を確認して、その位置を楽しむ感じです。あ、今日はここにいる、みたいな。雨の時や台風が来ているときなどはビリビリして痛いのですが、日頃は、今日はここだな、と確認しています」。

ちなみに、幻肢が物理的な限界を超えることそのものは珍しくないようです。たとえば、幻肢が自由に動く人だと「うつぶせに寝ると幻肢が床をつきぬけて床下を触っている」。また、手が胴に入っている人でも、いつも入っているわけではなく、出ているときもある、という人もいるようです。

刻々と変わる幻肢痛

幻肢は、たいてい「幻肢痛」と呼ばれる痛みを伴って感じられます。

幻肢痛は、日によってその状態が大きく変化します。多くの当事者が口にするのは、先の引用にもあったように「雨や台風になると痛い」ということ。低気圧になると痛いのは、偏頭痛に似たところがあるのかもしれません。

幻肢痛はさらに、毎日どころか、一日のなかでも刻々と変化していきます。私は以前、倉澤さんに協力していただいて、その変化の様子をレコードしたことがあります。

ただし、変化を記録すると言っても一筋縄ではいきません。痛みはすぐに上書きされていくので、あとから思い出すのは至難の技です。しかも幻肢は実体がないので、数値でとることはできません。かといって、しゃがみこむような痛みを感じているときに、その痛みの詳細を言葉で残してもらうのはあまりに負担が大きすぎます。

そこで倉澤さんと相談し、ＬＩＮＥのスタンプを活用して調査を行うことにしました。事前に聞き取りを行い、「しぼられる感じ」や「折られる感じ」など、よくある痛みのパターンを把握。そしてそれらに対応するＬＩＮＥのスタンプを作成。痛みを感じたらすぐに対応するスタンプを送ってもらうのです（一四七頁参照）。さらにそのＬＩＮＥの記録をもとに毎日電話でインタビューをしました。倉澤さんの協力のもと、一週間にわたってその変化を記録しました。[★1]

まず驚くのは、痛みの度合いや種類の振れ幅の大きさです。

調子がいいときには「幻肢感」と倉澤さんが呼ぶ、「ぼわーん」と腕がある感じがするだけ。騒がない、痛みの手前の状態です。書類作成など別の作業に没頭していると、紛れることがあるといいます。

一方で、腕の中で何かが弾けるような痛みが走ることもある。

「親指の付け根が爆発している感じですね。頭が痛くて横になっていたんですが、何かに刺されているというより、中からプチンと弾ける感じですね。バチン、と驚くような、体がびくっとなるような大きいのが一回来て、そのあと余韻で、ポコ、ポコと小さいのが来るという感じでした」。弾けた瞬間、「あ、親指どっかいっちゃったかも」と思うと言います。

幻肢の質感もいろいろに変化します。「腕の中でぐじゅぐじゅになっちゃっている感じ」のときもあれば、アメコミのヒーロー「ハルク」のように腕が大きくなり、腫れて硬くなることもある。「ハルクみたいに腫れると、内側がかたーい感じになります。固定されてて、体から何か生えているという感じ」。ただし、硬くても重さを感じるわけではないので、鉄というよりは「木とかプラスチックっぽい感じ」だと言います。

そもそも部位によっては、日によって存在しないこともあります。たとえば脇の下。脇の下は、ある日とない日に分かれるのだそうです。脇の下があれば肘もついてくるのかと思えばそうでもない。脇の下から前腕まで一つになってしまって、肘がないこともあるそうです。

興味深いのは、幻肢痛について語るときの、倉澤さんの言葉の使い方です。通常、例えば腹痛の前兆を感じたときには、「お腹が痛くなりそう」といった言い方をします。けれども倉澤さんが幻肢痛について語るときはそうではない。「腫れようとしている感じ」「『腫れたい』みたいな感じですね」。つまり、幻肢に独立した意志を認めるかのような、独特の擬人的な表現が出てくるのです。

他にも、痛みが消えていた状態からふいに痛みが復活しそうなとき。倉澤さんはその予感を、「忘れてたでしょ」「ちゃんと今日思い出さなかった分、これから来るよ」という幻肢側の主張として受け取ります。まるで自分の中にいる他人のような感じで、幻肢の声を聞いているのです。こうした言葉の使い方も、あとで述べる倉澤さんの幻肢との距離感をよく表しています。

最後の腕の記憶

ところで、そもそもなぜ、倉澤さんの幻肢は胴に入っているのでしょうか。

絵：清水淳子

先ほど述べたように、それは人間の体のつくりとしてありえない状況です。倉澤さんの右腕が、かつて胴の中に入っていたわけではない。つまりそれは、記憶とは関係ないように思えます。

ところが、そうではないのではないか、と倉澤さんは言います。むしろ、手術前の一ヶ月の記憶が濃厚に影響しているのではないか。

というのも、倉澤さんは、病院に入院しているあいだ、肉腫のできた右腕を三角筋で吊って、ずっと固定していたからです。

倉澤さんの右腕の骨にできた癌はかなり大きく、骨をつきやぶって癌がはみ出している状況でした。もし癌が爆発して、骨が折れてしまったら、癌が周囲に散らばってしまうかもしれない。だから細心の注意を払って腕を守り、三角巾で固定していたのです。

三角巾で固定された腕の位置は、確かに倉澤さんの幻肢の位置に重なります。手も、ちょうど胴の上にくっついた形になります。

胴の上であって中じゃないじゃないか、という気もしますが、これには「固定されて動かない」という状態が影響しているのでしょう。一ヶ月というかなり長い期間にわたって、腕をなるべく動かさないように、細心の注意を払って生活していた。そのことが「胴の中」という、胴と一体化するようなイメージになったと推測されます。

もちろん、正確なところは確かめようがありません。けれども、もし上記の推測が正しければ、倉澤さんの幻肢は、倉澤さんが腕を切断するまえの「最後の記憶」が形をとったものである、ということになります。

最後の記憶。言葉にするとどうしようもなく軽くなってしまいますが、それは単なる生理的なもの、あるいは「身体イメージ」のような言葉で済まされるものではありません。

とりわけ、倉澤さんの場合には、実際に切除に踏み切るまでに、迷いの時期がありました。当初、倉澤さんは、腕を取らない選択肢も考えていました。「肩から全部なくなる、ということがどういう状態なのか想像できなかった」からです。抗癌剤治療をおこなっても、癌が小さくならない。「切断しなかったら余命二年」と宣告されたときには、「二年で終わりでいいや」と思っていたといいます。

しかし病院で同じ病気の人と出会い、悩んだ末に切除することを決意します。そして手術。けれども切断したあとも、それを理解し、納得するのにはずいぶん時間がかかったといいます。これでよかったのだろうか。痛みもあり、切ってもなお、迷いを拭えませんでした。

外出してもできないことにぶつかってしまい、家にこもってベッドでドラマを見ることだけが日課の日々。「子供にいってらっしゃいを言うのと、お帰りなさいを言うのが同じ場所だった」。痛みがひどく、「何でこんなの抱えて生きていかなくちゃいけないんだろう」と涙ばかり流していました。

しかし「泣くのにもやがて飽きた」と倉澤さんは言います。そして自分の痛みに問いかけるようになります。「私にどうしろっていうの？　何をさせたいの？」。そこから、倉澤さんと幻肢痛との、思い通りにならないこの相手との、対話が始まります。

同じ上肢障害の仲間とも出会い、二〇一四年に特定非営利活動法人Mission ARM Japanを設立（以下「MAJ」と略称）。当事者のための情報交換の場を提供し、そこで得られる情報を元に、義肢装具や障害者向けの商品を扱う専門業者などに企画提案、開発支援を行っています。

記憶は、単なる過去の出来事の集積ではありません。その出来事をどう解釈し、意味付けていくか、つまりナラティブのレベルがあります。客観的には同じ出来事であったとしても、意味付けが違えばそれは全く異なる価値を持った記憶として刻まれます。

倉澤さんは、切断直後と現在では、右腕を失ったことに対して全く異なるナラティブを持っています。切断直後は苦しみの対象でしかなかったものが、今では「面白がれるようになってきた」とさえ言います。

なぜ倉澤さんには、そのような変化が起きたのか。仲間がいたことなど要因はたくさんありますが、ここで注目したいのは、「作る」という行為です。

今では、会うといつもメジャーで何かを測っていたり、新しい素材を確認したりと忙しそうな倉澤さん。作ることがナラティブを変えるというのは意外な感じがするかもしれませんが、実に大きな影響を与えていることが分かります。

リビングがラボになる

倉澤さんが作ってきたのは、まず「肩」です。肩がないと、義手をつけることもできないし、洋服を着てもずり落ちてしまう。切除した右肩の代わりになる、そしてつけ心地のよい肩パッドを手に入れることが必須でした。

倉澤さんがこれまでに作った肩パッドは九種類。形状も素材も装着の仕方も、実にさまざまなタイプの肩パッドを作ってきました。そのすべてが試行錯誤の過程です。そしてそれは同時に、不満の歴史でもあります。

切断した直後に義肢装具士さんに作ってもらった肩パッドは、左肩を壁に押し付けて形を写し取り、そのシルエットをもとにして作られたものでした。ところが、肩を壁に押し付けているので、どうしても緊張した状態の肩ができあがってしまう。完成したパッドをつけると、力を抜いても肩が前に丸まらず、常に作り物であることを意識せざるを得なかったと言います。

その後、作ってもらったのは布製の肩パッドでした。中に綿が入った、ふんわりした柔らかい感触のパッドです。軽さはいいのですが、人間の肩には微妙なへこみや出っ張りがあります。布製だと、この細かい凹凸が表現できない。これにもやはり満足できずにいました。

それから倉澤さんは、3Dプリンターで肩パットを作る方法に出会います。左側の肩を立体的にスキャンしてそのデータを反転させ、3Dプリンターで出力するのです。自然な状態の肩を、微妙な凹凸を含めて反転させることができるので、「これは自分だ」と思ったそう。柔らかい素材にすれば、肩甲骨から一体となって動いてくれるのも優れた点です。

今では満足のいく肩パッドを手に入れた倉澤さんは、肩のあたりを指して言います。「ここに肩があるという感じはします。触ると感じないだけで、視覚効果で、肩パッドの肩を自分の肩だと意識していると思います」。

肩はもともと、それほど大きく動く部位ではありません。せいぜい上下に動く程度で、指のように高い操作性があるわけではない。

したがって「内側から感じる」ことが少なく、外側から視覚的に意識することが多い部位です。しかも倉澤さんの場合には、鎖骨が半分まではあり、肩甲骨の筋肉が残っているので、幻肢の肩をいからせようとすると、実際に肩パッドが上がる。こうした条件が重なって、自分の肩であってもパッドであっても違いが意識されにくいと考えられます。

もちろん、自分の肩とパッドと肩のあいだに全く違いがないわけではありません。たとえばショルダーバックをかけているとき。触覚がないがゆえに、肩ベルトのずれを感じられず、無意識的なカバーができないと言います。「肩に感覚があれば、落ちそうになった段階で直すと思うのですが、気が付かずつるんと落ちてしまう。あ、感じないままなんだよねって」。

３Dプリンターで作るようになったきっかけは、ＭＡＪにデザイナー／リサーチャーの竹腰美夏さんが加わったこと。倉澤さんの話を聞いた竹腰さんが、「それなら３Dプリンターでできる」と提案したのです。

ただし、すぐに今のような理想の肩パッドができたわけではありませんでした。３Dプリンターで作るといっても、素材や形状にはさまざまな選択肢があります。中を中空にして軽くしたり、夏用に表面をメッシュにしてみたり、動いても裂けない強度を試したり。装着の仕方も、胴にまきつけるタイプから、下着に挟み込むものまで、さまざまなものを試しました。

興味深いのは、その開発の仕方です。何と、竹腰さんと倉澤さんは期間限定でシェアハウスを借りて一緒に暮らし、生活を共にする中でいろいろなパッドを試していったのです。夕食時に今日一日に起こったことをおしゃべりしながら、その延長で新しいアイディアが生まれてくる。倉澤さんが料理をする姿を竹腰さんが目にすることで、意外なヒントが得られる。シェアハウスのリビングが、生活の場であり、同時にラボの役割を果たしていました。

当事者もニーズが分からないことが多い、と竹腰さんは言います。「どんな肩パッドが欲しいか」「どんな義手が欲しいか」と問うても、当事者から必ずしも明確な答えがかえってくるわけではない。二〇一六年から施行された障害者差別解消法でも、役所や事業者に対して合理的配慮が求められていますが、その前提となるニーズは、本人にとってただちに説明可能とは限りません。

だからこそ、ひとまずプロトタイプを作ってみて、感想を聞き出し、選択肢を増やすことが重要だ、と竹腰さんは言います。実際のモノがあれば、それを通してニーズが掘り起こされ、「何が欲しいのか」が本人にとっても具体的になる。モノを作ることを通じて、自分のことが分かってくるのです。

面白がれるようになってきた

こうした「作りながら研究する」方法を、倉澤さんは今では自分の手で、つまり左手を駆使して、どんどん推し進めています。ＭＡＪのオフィスには３Ｄプリンターが置かれ、倉澤さんもすっかり「テック女子」になって器材と格闘しています。

作ることを通して自分の欲しいものが分かってくる。エピソード１の西島玲那さんにとっても絵を描くことが重要な意味を持っていましたが、倉澤さんの場合には、また特殊な事情があります。

幻肢には痛みがあります。何もしないでいると、痛みは自分を苦しめ、乗っ取ろうとする脅威です。けれども「作る」という作業を通じて関わるとどうでしょう。ああでもないこうでもないという研究的なマインドで関わっていくと、痛みはこちらの介入に対して答えを返してくれる、対話の相手になります。それが、倉澤さんが幻肢を「面白がれるようになってきた」きっかけの一つだと考えられます。

もちろん、痛みを思い通りにコントロールすることはできません。けれども倉澤さんには、痛みが来たら「なぜ？」とその理由や原因を問うことができる距離が生まれています。こうした関係こそ、倉澤さんが幻肢痛について語るときの、まるで幻肢に独立した意志を認めるような語り方の背後にあるものでしょう。倉澤さんは笑いながら語ります。「どこか行ってよ、と思うんですけど、どこにも行かないことは分かっているので、大人の知恵として仲良くするしかないかな（笑）」。

「自分を苦しめる重荷」としての幻肢から、「体をめぐる探求の導き手」としての幻肢へ。長い長い時間をかけて、倉澤さんの幻肢に対する捉え方は大きく変化しました。記憶が一度作られたら終わりではなく、その後の活動や関わり方によって、大きく意味を変えうるものであること。このナラティブの変化が、幻肢に問いかけ、声を聞くという語りのモードの獲得としてあらわれています。

さらに、倉澤さんの研究は、彼女自身の幻肢を越えて広がっています。ＭＡＪに集まってくるさまざまな当事者と協力しながら、それぞれにとって必要なものを開発しているのです。

たとえば、物理的には腕があるが麻痺があって動かず、幻肢痛に苦しんでいる男性。麻痺した手にゴム製のレモンのようなものを握っています。マグカップのように指を通すところがあり、手から離れにくいような作りになっている。男性によれば、これを握ると、幻肢の痛みが紛れるとのこと。握力を鍛えるためのグッズなのか、たまたまお店で見つけたそうです。

けれども、その大きさがいまひとつ手にフィットしないと男性は言います。私がオフィスを訪れたときには、倉澤さんは、そのゴム製レモンのサイズを測り、どのように改良したらよいか男性と相談しているところでした。うまく改良したモデルを３Ｄプリンターで出力できれば、その人に合った幻肢痛緩和グッズのできあがりです。

３Ｄプリンターと障害は、相性がよいものです。言うまでもなく、３Ｄプリンターなら、自分の欲しいものを一個から作ることができるからです。

市販の製品は基本的に健常者の平均的な身体のために作られているので、そのままでは人によって異なる障害の状態に合うとは限りません。一方で障害者に特化したものを製品化しても、なかなか利益につながりにくいという事情がある。３Ｄプリンターなら、この問題を解決することができます。

障害とテクノロジー

このことは、単なる3Dプリンターの有効活用という問題を超えて、障害を持つ人のアイデンティティに関わるものです。なぜならそれは、当事者が技術を手にするということを意味するからです。

従来、障害の当事者とモノを開発をする技術者は、協力することはあっても、一人の人がその二つの役割を兼ねるということはあまりありませんでした。

技術者は、どうしても機能を高度なものに洗練させることに関心を持ちがちです。けれどもハイテクなものが必ずしも当事者にとって最善の解決策とは限りません。

私自身、東京工業大学という理工系の大学で障害に関する研究をしているので、しばしば研究者から技術上の相談を受けることがあります。こういう技術を開発したのだけれど、障害のある人のために使えないだろうか、という相談です。うまくいくこともありますが、すれ違いを目にすることも少なくありません。

たとえば、視覚障害者向けに、目の前の景色を「見せる」ための触覚モニターを開発してはどうか、という相談。視覚情報を触覚情報に変換して、見えない人にとって分かるようにしてはどうか、という提案です。

同席していた全盲の当事者は「いらないなあ」と即答していました。目の前に障害物があることは、白杖や盲導犬、あるいは音の反射などによってすでに分かるし、そもそも視覚情報のすべてをキャッチしないと生きていけないわけではありません。

しばしば目にするのは、健常者である技術者が、自分の持っている情報や能力を、障害を持っている人にも体験させようとする姿勢です。もちろんそれは技術者の善意にもとづく発想なのですが、健常者が持っている情報や能力が唯一絶対の正解であるとは限りません。義手だからといって指がなくてもいいかもしれないし、腕が動くことよりぶらぶらしないという安定感のほうが重要な場合もある。

「いらないなあ」と言える関係ならいいけれど、もし障害の当事者がハイテクだけどいらないものを押し付けられるだけだったら、すれ違いはますます深まってしまうでしょう。

以前、アメリカのカリフォルニア州バークレーで開催された「Crip Tech」という国際会議に参加したことがあります。「Tech」はテクノロジーのこと、「Crip」は「不具者」「びっこ」など障害者に対する差別的な用語です。この会議は当事者が自ら主催したものでしたが、そこにあえて「Crip」という差別用語を使うことで、「びっこで何が悪い！」と逆手にとる戦略でした。

二日間にわたって、視覚障害、車椅子ユーザー、自閉症などさまざまな当事者たちが発表を行い、最後に「Crip Tech 宣言」が採択されました。そこで謳われていたのも、技術開発の過程で想定される障害者がいかに現実とは乖離した虚構の存在にすぎないかということ、そして当事者自らがものを生み出す技術を手に入れることの重要性でした。

会議では、当事者が技術を使いこなす試みの例もいくつか紹介されました。一番驚いたのは、ライトハウスという視覚障害者向けの施設。サンフランシスコのど真ん中、一等地に高層ビルを一棟持っているのですが、それ以上に衝撃的だったのは、施設の中に視覚障害者向けのラボスペースがあったことです。

ここにもやはり3Dプリンターが置かれ、さらには半田ごてなどの電子工作用の道具も用意されていました。そもそもこのビルの設計自体が視覚に障害のある建築家によってなされているのですが、徹底して、「自ら作る」ことの意味が問われているように感じました。

倉澤さんの例を通して考えるなら、その意味は、単に「自分にとって便利なものが手に入る」ということだけではなく、作ることによって「自分の障害に対する意味や捉え方が変わる」ということにあるのでしょう。そして必ずしもそれは、プロの技術者を排除するという意味ではないはずです（現に、ＭＡＪは積極的に技術者や研究者とコラボレーションしています）。

腕の記憶のゆくえ

さて、このように自ら「テック女子」となり、作ることを通じて当事者や技術者と関わってきた倉澤さんですが、冒頭にも書いたとおり、インタビューをしたときには、ちょうど次のステップに進もうとしているタイミングでした。次のステップ、つまり義手を作るという段階です。

これまでの研究で、幻肢痛が緩和されるためには、義肢、鏡像、イメージなど「これは自分の体の一部だ」と思えるような対象を獲得することが有効であることが知られています。幻肢痛は、「動くだろう」という予測に対して、「実際に動きました」という結果報告が返って来ないことが原因で生じると考えられています。つまり、この不一致を埋めれば幻肢痛は緩和される。だとすれば実際には自分の手が動いたのではないとしても、別の何かによって「動きましたよ」という（誤った）情報を脳に送ってやることが有効です。

エピソード4でお話したとおり、目の前にある物体を「これは自分の体の一部だ」と感じる方法には、二つの回路があります。ひとつは、主に操作性に依存する「内側からの感覚」を通じて。もうひとつは主に視覚に依存する「外側からの知覚」を通じて。これらのいずれか、ないし両方を用いることによって、「これは自分の体の一部だ」と思い込みを生じさせることができます。

前者に対応する幻肢痛緩和のアプローチとして考えられるのは、筋電義手です。「筋電義手」とは、筋肉が収縮するときに出る微弱な電流をキャッチして動く義手のこと。動かそうと思うと実際に義手が動くので、たとえそれが義手であったとしても、本物の手のように感じる可能性があります。

後者に対応する幻肢痛緩和のアプローチとしては、VR（バーチャルリアリティ）を使ったものがあります。これについては次のエピソード7で触れますが、バーチャル空間において手が動く経験をすることで、体験している間はまったく痛みを感じないという人もいます。

ですが、倉澤さんは、今のところこのどちらの方法も使うことができません。肩からの離断であるため、筋電義手は装着することができず、またVRも効果がなかったからです。

そこで倉澤さんは、まずは幻肢を形にしてみたい、と言います。つまり筋電義手ではなく、現時点で一般的な装飾義手を作り、幻肢の変化を試してみるのです。「装飾義手」とは人形の手のようなもので、動かすことはできない、純粋に見た目のためのもの。ですが、視覚的に手が見えるようになることで、幻肢に変化が起こる可能性があります。倉澤さんは、義手も3Dプリンターで作ることを考えています。

義手を作るといっても、ただつけただけでは、右肩に腕が二本ついている感じがして、幻肢とひとつに重ならないかもしれない。そこで今の幻肢の形に近い義手を作り、まずは二つを重ねて一体化する必要があるのです。

そして、その一体になった状態から、少しずつ義手の位置を変え、前に出していってみたい。「とりあえず幻肢の手を体の外に出したい」と倉澤さんは言います。いわば義肢をおとりにして、それに乗せて幻肢を外に誘い出す作戦です。

とはいえ、実際に義手をつけたら幻肢はどうなるのか、これはばっかりはやってみないと分かりません。幻肢としてともに生活してきた右手が、義手という別の対象に置き換わったとしたら、手があったときの感覚が失われるのかどうか。痛みが、喪失の悲しみに変わるのかどうか。

幻肢痛がなくなったとしたら、それは対話の相手を失うことを意味します。これまで、幻肢痛を通してさまざまに自分の体のことを研究してきた倉澤さんは言います。「無くなったらバロメータがゼロになる。あ、でもゼロになってもいいのかな（笑）」。

★1　倉澤さんの幻肢痛ログは以下で公開しています。https://phantom.asaito.com/2018/08/06/

左手の記憶を持たない右手

EPISODE 7

わざわざバスケ

川村綾人さんは、先天的に左肘の下から先がありません。先天的、つまり生まれつきです。一つ前のエピソードでとりあげた倉澤奈津子さんは、もともと持っていた腕を病気で切断しましたが、川村さんの場合は、ずっと無い状態で生活してきました。

その川村さんが、やはり義手に関心を持っています。いままでは装飾義手という、見た目だけの動かない義手でしたが、筋肉の動きに反応して「動かそうと思えば動く」筋電義手を作ろうとしている。

倉澤さんは義手を作ることによって、幻肢、つまり手があったという記憶が失われるかもしれない、と考えていました。

一方、川村さんには当然、そのような「かつての腕」の記憶も幻肢もありません。忘れたわけではなく、もともと記憶がない。当然、義手の意味も倉澤さんとは違ってきます。

いや、「意味が違う」という言い方すら、語弊があるかもしれません。川村さんにとっては、そもそも左手という「意味が分からないもの」を付け足すことになる。先天的に障害を持つ人ならではの、記憶のなさ、意味のなさです。

川村さんは、これまでほぼ右手だけで生活してきました。食事もそれでとってきたし、自転車も乗れる。ボタンかけも片手でできるし、パソコンも右手だけで打つ。車も運転します。現在はメーカーの人事部で働いていますが、あらゆるデスクワークを左手なしでこなしています。「(パソコンを)片手で打って、電話が来たら左の肩でとる感じです。最初は、三つのキーを同時に押したりするのは大変だったけど、もう慣れましたね」。

学生のときは、何とバスケットボールをやっていたそう。健常の子に混じって、パスもシュートもこなしていました。「ちょっと左手を添える感じですね。今あらためて思うと、バスケなんてわざわざ選ばなくてもいいようなスポーツですけどね(笑)」。

ちなみにバスケットボールを選んだのは、自分から主体的に選んだというわけではなく、たまたま誘われて始めたそう。川村さんはいたずらっぽく笑いながら言います。「サッカーだったらめちゃ楽だったんですけどね。手を使ったら反則だし」。

そんなふうに当たり前のように左手なしで生活してきた川村さんですが、就職するタイミングで、初めて装飾義手を作製します。「確か市役所に紹介された会社に行って、装具士さんに会って、採寸してすぐ作りました。一回ソケットを作るために採寸に行って、あとはいきなり出来上がって、『じゃ、つけてみましょうか』っていう感じでしたね」。

装飾義手なので、動きませんが、この義手はとても川村さんになじんでいるように見えます。インタビューのあいだも、腕時計をはめた義手を膝に乗せて話す姿はきわめて自然。家にいるときは外していますが、仕事など外出するときには、基本的にこの義手をいつもつけているそうです。はたから見ると義手はもはや川村さんの体の一部になっているように見えます。

義手との距離感

ところが、実際に本人に聞いてみると、川村さん本人と義手のあいだには、独特の距離があることが分かります。

まず、身体感覚としての距離があります。川村さんの義手は、先端のソケットに腕の先端を嵌めるような構造になっている。けれどもそれは「腕が長くなる」という感じではないと言います。むしろ、「ずっと荷物を持ち続けている感じ」であると。

最初につけた時から、その感覚は変わっていません。「違和感がありましたね。（…）嵌めているので、引っ張られる感じがあるんですよね。歩くと、腕を振るじゃないですか。そのときに義手が振られて引っ張られるんですよね」。

この身体感覚レベルの距離に重なるようにして、川村さんには心理的な距離もあります。その距離は何とも微妙です。「大事じゃないわけじゃないんだけど、とりたてて愛着を持つわけでもない」。少なくとも、外に出るときには欠かさず身につけているからといって、なくてはいられないような愛着の対象ではないようです。

本当にそうなのか。さらに質問を重ねると、川村さんは笑いながら衝撃的な思考実験をします。「スマホと義手が同時に落ちたら、パッとスマホを取ると思います（笑）」。

実は川村さんの装飾義手は一〇年ものです。厚生労働省の補装具費支給制度によれば、装飾用上腕義手の耐用年数は四年。四年のあいだは同じ種類のものを購入するのに補助を受けられませんが、それを超えて正当な手続きを踏めば、補助が受けられることになっています。

四年に対して一〇年ですから、川村さんの義手はすでに耐用年数の二倍以上の時間が経っていることになります。実際、内部に入っている組織が壊れて指先が柔らかくなっていたり、中指がとれて修理した痕があったり、表面が黒ずんでいたりとずいぶん年季が入ってきています。それでも川村さんは使い続けていて、ようやく買い替えを検討しています。

「ずいぶん大切に使ってきたんだなあ」と言いたくなるところですが、そうではありません。川村さんは言います。「パジャマとかって、多少汚れていても着るじゃないですか。何とか擦り切れるまで着ようみたいな感じ。さすがに指が全部ちぎれたら買い換えようかなと思ってたんですけどね（笑）」。

義手に対する独特の距離は、行動の節々に見られます。たとえば不意に義手をドアノブにぶつけてしまったとき。場合によっては義手が壊れてしまうかもしれない状況ですが、川村さんの反応はかなりクールです。「ぶつかったことは分かりますが、別にぶつからないように気をつけているかというと、そうでもないですね」。

あるいは、手を洗っていて義手が濡れてしまったとき。義手が濡れるのはまずいので、川村さんは「一応拭こうかなと思う」。あくまで「一応拭く」のであって、「慌てて拭く」わけではありません。

この川村さんと義手の距離をあえて言葉にするなら、「あると楽」だけど「ないと生活できない」ほどではない、とでもなるでしょうか。一言で言えば、「依存していない」のです。

義手がないと自分が成り立たないわけではないから、壊れないように細心の注意をはらったりもしないし、ましてや予備の義手を用意しておこうという発想もない。関係は淡白です。川村さんにとって義手は、「なくてはならない必要不可欠なもの」ではないのです。

ウチとソトを分けるもの

ではなぜ、必要不可欠なものではないにもかかわらず、川村さんはいつも義手をつけているのでしょうか。

結論から言えば、川村さんは、まさに必要不可欠でないから、それをいつもつけているのです。

どういうことか。川村さんは、もともと左手がない状態の体で完結しています。左手なしでも何でもこなすことができる。身体運動的な欲求としては、義手を必要としていません。けれども他方では、義手をつけていないとどうしても目立ってしまう、という事情がありま す。つまり、自分のためには必要でないけれど、周囲の人のためには義手が必要なのです。

初めて義手をつけるようになったときのことを、川村さんはこう語ります。「まわりの目が圧倒的に変わった」。「びっくりされるんですよね。特に半袖を着ているときなんかはもろですから。それが『町の一員』になった感じです」。

つまり純然たる装飾としての義手です。それをつけることで、周囲の見方が変わり、「町の一員」になることができる。

しかし、装飾であるならば、本当に必要なときだけつければいいじゃないか、と思われるかもしれません。実際、義手は重いので、常にひっぱられている感じがある、と川村さんは語っていました。

確かに、中途で切断した人の中には、もっと自在に着脱している人も多くいます。当事者の集まりでも、よくこんな光景を見かけます。みんなで部屋に集まって話をしているときは外している。でも集合写真をとるとなったら、いそいそと義手を装着するのです。

けれども川村さんは違います。仮にそこにいるのが全員当事者であったとしても、義手を外すことはありません。話をしているときもつけているし、写真を撮るときも当然つけている。「自分はその時間が長いのかもしれませんね。常に、写真をとるときの状態というか。何でしょうね。ずっと写真とられているわけでもないのに」。

川村さんにとって義手とは何か。強いて言うなら「服とか靴みたいな感じですかね」と川村さんは言います。つまり「身につけないで外に出るわけにはいかないもの」なのです。

そう、川村さんにとって義手は「ウチ」と「ソト」の境界に関わるものなのです。プライベートな場所では外している。現に、家ではつけることはしません。でも、一歩敷居をまたいでパブリックなところに出るときには、必ずつけて出る。

川村さんにとって義手は、物理的な機能はないけれども、そのときの場所の意味と結びつき、社会的な役割を担うようになっています。だからこそ、ソトで外すことは不自然だと感じてしまう。ルールが自分の外部にある、といえばいいでしょうか。身体運動的な必要性ではなく、社会的なルールに従っているからこそ、自分の都合で着脱することがためらわれるのです。

それは、私たちが、暑いからといってどこででも服や靴を脱げるわけではないのと一緒でしょう。「今ここで外せと言われたら外せますけど、わざわざ外す理由があるのかなという感じがしますね。外でいきなり裸足になっているみたいな感じですね（笑）。うまく説明できないですね」。

利き手感覚の不在

さて、このようにパブリックな場ではいつも義手をつけながら、それとは身体運動的にも心理的にも一体化しないでいる川村さん。そもそも「片手で完結している」「左手の記憶がない」とはどういうことなのでしょうか。

一言で言えば、それは「両手」という感覚を知らない、ということでしょう。川村さんは言います。「無理くり片手でやるというのが普通になってしまっていて、『それ両手のほうがやりやすいで』って言われないと気づかない感じなんですよね」。

両手を持つとは、片手を二つ持っていることとは違います。左手を運動させる感覚そのものは、川村さんにしても、右手を運動させる感覚から推測することができるでしょう。けれども「両手」は「片手二つ分」ではありません。

両手を持つとは、二つの手が連動して動くということです。それぞれが勝手に動くのではなく、お互いが協力しあって、ひとつの仕事をこなすことができる。これが「両手を持つ」ということです。

さまざまな場面で、私たちの右手は左手を、左手は右手を前提にして動いています。拍手をする、ファスナーを閉める、靴の紐をむすぶ——こうした動作をする場合には、左右それぞれの手が互いに噛み合いながら動きます。この相互に依存しあう連動関係こそが「両手」の感覚です。

加えて、連動する左右の手は、必ずしも対等ではありません。たとえば、ファスナーを閉めるためには、一方の手がスライダーを動かし、もう一方の手がスライダーの動きに対抗できる力の強さで留め金を押さえる必要があります。

ではどちらの手がスライダーを担当し、どちらの手が留め金を担当するのか。それは基本的に、人によって決まっています。要するに「利き手」があります。

右が利き手の人なら、左手で留め金を抑え、右手でスライダーを動かすでしょう。左効きの人はその逆です。もちろん、右利きの人が左手でスライダーを動かすようなこともあるでしょう。けれども基本的には、細かい調整が必要な仕事は利き手、支える仕事は利き手でないほうの手が担当。右手と左手は対等ではなく、両者のあいだに主従関係、得手不得手があります。

非対称な左右の手が連動して動くこと。「両手を持つ」とは、この右と左の依存関係を、体の中に構築しているということです。川村さんの右手には、左手に依存したという記憶がない。右手は常に右手だけの、それだけで自立した手なのです。川村さんは言います。「『利き手』みたいな感覚って我々にはないんですよね。みなさんは二つあって、たとえば右のほうがよく使って、左は補助的な役割になると思うんですが、我々にはそれがない」。

右手が左手を欲してない

記憶があれば、そこにニーズが生まれます。全身はこのように連動して動くものだ、という無意識的な記憶があれば、ある部位が欠けることは、連動の全体が失われることを意味します。あるはずのものがない。そこに、全身のあるべき連動を回復するための、「欲しい」という感情が生まれます。

川村さんにないのは、左手を前提とした連動の記憶です。左手の記憶がないというよりも、右手のうちに左手の記憶が、もっといえば全身のうちに左手の記憶がないのです。

だから、右手が、全身が、左手を欲していない。それを回復しようとするニーズもない。あるとしてもそれは「バスケットボールで手を添える」程度のもので、肘から先の動きを前提にしていません。

一方で、現実的な問題として、いま使っている義手が古くなっていて、作り変えるタイミングに来ている、という事実がある。それなのに肝心の義手を作る動機が川村さんにはありません。

「自分で義手が必要である理由を動機付けするのが大変な感じですね」。「せっかく義手を作ってくれている人がいるので、それは当事者としても発信しなくちゃなという責任は感じますね。作ってくれる人がいるのに、こっちがどっちつかずな感じでいるのは失礼だなというか」。

こうしたスタンスは、当然のことながら、中途で腕を切断した人とは根本的に異なるものです。

すでに書いたように、中途で切断した人にとって、「義手を作る」ことは「失ったものを回復する」という意味を持ちます。もっとも、倉澤さんが言うように、実はそれは「手の記憶を失うこと」なのかもしれません。言ってみればそれは「欠乏を失うこと」だからです。

とはいえ、その点も含め、中途で切断した人は義手に対する明確なこだわりがあります。多くの人には幻肢痛があり、その状態が変化するとなれば、こだわりがいっそう強くなるのは当然のことでしょう。

川村さんも、中途で切断した人とのあいだにはどうしても温度差を感じると言います。「線引きするのは嫌だなとは思うのですが、先天の方だとフラットに話せるなという感じは確かにあります」。

名前のようなもの

この温度差は、腕がないにもかかわらず、「両手があること」をスタンダードとして考えていることに由来するものでしょう。けれども、川村さんは、そのことに反論したりはしない、と言います。自分はもともとない、と言うことは「驕《おご》っている感じがする」からです。

「『右手がなくなって大変だ』と思っている人に、『我々は元からないで』と言うのも、なんか驕っている感じがしますしね（笑）。なくなった痛みを知っているわけではないので、慰めになってない気がするんで、あまり［そういう］物言いはしないですけどね。その人にはその人なりのアプローチがあると思うんでね」。

実際のＭＡＪの集まりなどでは、先天的に欠損している人が当たり前のようにやっている工夫に、中途で切断した人が学ぶ、というような場面もしばしば見られます。両者は決して乖離しているわけではなく、むしろうまく支えあっているように見えます。

その一方で、前提の違いを尊重する川村さんのような立場も大切であるように思います。その人にとって「これが自分の体だ」と納得できるスタンダードは、意図して選び取れるものではありません。生まれたときの条件やその後の経験によって、おのずと形作られてしまうものです。

切断した人は、幻肢痛という痛みや精神的な苦痛を伴いながら、この作られてしまったスタンダードを更新する途上にいる。そのことを川村さんは尊重したい、ということでしょう。「選んだわけではない」という点も含めて、川村さんは体のスタンダードを「名前みたいなものですかね」と言います。

川村さんの場合は、「めっちゃ好きな名前だったらこだわるんでしょうけど、自分でつけたものでもないし、愛着が特にあるわけでもない。間違えられても、申請書を書くときのように直す必要があれば直すけど、それほど強いこだわりがあるわけでもない」。

実はインタビューに先立って川村さんにお送りした手紙で、私は川村さんのお名前を間違えて記してしまっていたのでした。のちに気づいてインタビューの最初に謝りましたが、川村さんから訂正してくることはありませんでした。

もちろん、川村さんとは違って、名前を間違えられるのは絶対に嫌だ、という人もいることも確かです。「中にはすごくこだわりがあって、絶対に苗字を変えたくないという人もいて、愛着というか信念を持っている」。大まかな傾向はあるとしても、「与えられたものだから愛着がない」あるいは「選んだものだからおのずと大事にする」というような単純な因果関係が成り立つわけではないことも、注意しなければなりません。

義手をいつ使えばいいのか分からない

それでも川村さんは、筋電義手を使うようになった自分の体がどうなるのか楽しみだ、と言います。

筋電義手になると、意志によって義手を動かせることになります。記憶として知っている「右手ですべてやる体」のあり方に、プラスアルファで左手の運動が付け加わることになる。つまり、義手が単なる見た目の問題ではなく、連動の問題に関わることになります。「『両手があるってそんなに楽なんだ』っていうのを、ちょっと体験してみたい」と川村さんは言います。

それは右手が、あるいは全身が、初めて左手と出会う瞬間です。そのとき右手の役割は、全身の連動は、どのように変わるのか。最初は、ニーズがないところにつけ加わるのですから、意識しないと左手が出ないような状態でしょう。それが、しばらくすれば、左手が「パッと出る」ような連動が形成されるのかどうか。「左手なしで完結していた体」から「義手を取り込んで成立する体」への変身が起こるのかどうか。

連動の関係が変わることで、川村さんは義手に愛着が持てるようになるかもしれない、と言います。「動かせるようになれば、見た目だけじゃない必要性が出て来ると思うんですよね。左手を使って生活をしていて、いきなり左手が使えなくなったら、『これは大変だな』と思うと思うんですよね。そこまで行って初めて愛着と呼べるようなものになるんじゃないかな、と」。

ただもちろん、「義手を取り込む」ことはリスクも抱えています。依存関係を深めることは、それが失われたときの脆弱性をもかかえることになるからです。川村さんは言います。「いなかの人の車みたいなものですね（笑）。いきなり壊れたらスーパーも行けないなという感じになる」。義手が川村さんにどんな変化をもたらすのか、楽しみに見守りたいと思います。

EPISODE 8

「通電」の懐かしさ

和服姿の求道者

森一也さんは、ふだんから和服を着こなす、ちょっとコワモテの男性です。雰囲気で言うなら武術の師匠。実際に話をしてみるととても気さくな方なのですが、森さんのまわりには常に求道的な空気が漂っています。

森さんは、一七歳のときにバイクで二人乗りしていて事故にあい、その衝撃で左腕の神経叢引抜き損傷という大怪我を経験しました。神経叢引抜き損傷とは、腕の神経が網状になって脊髄に結合している部分が、根っこが抜けるようにして抜けてしまうこと。バイク事故が原因で起こることの多い怪我です。

それから三〇年近く、森さんは消えることのない痛みを抱えて生きてきました。いわゆる幻肢痛です。物理的な腕はありますが、左腕半分と指が麻痺しており、幻肢の痛みがあります。

森さんは、三〇年間、さまざまな方法でこの痛みと関わってきました。自らを「研究活動家」と称します。常にノートを持ち歩き、几帳面な字で何かを書き込んでいる。アカデミックな研究者顔負けの専門性で、自分の体と痛みについて当事者として研究してきました。これこそあの求道的な雰囲気の正体でした。

インタビューをしたのは、森さんが新しい幻肢痛緩和の方法にチャレンジしはじめたタイミングでした。この方法はあらゆる疼痛に有効というわけではありませんが、森さんには大きな効果が見られ、三〇年間で初めての無痛状態を経験します。

その幻肢痛緩和の方法とは、VR（バーチャルリアリティ）を用いた方法。その仕組みや森さんに起こった変化は追って詳しく見ていきましょう。まずはこれまでの森さんの左腕の状態を確認しておきます。

読経で自分を起こす

森さんの左腕は、とてもとても曖昧で複雑です。

まず、先ほど書いた通り、左腕は物理的に存在しています。幻肢痛というと、腕を切断した人のもの、というイメージがありますが、森さんの場合はそうではありません。自分の腕もあって、幻肢もある。幻肢とは必ずしも「なくなった腕をあるように感じる」ことではありません。

しかも、この左腕は動かすことができます。文字を書くときにはすっと左手を紙に添えている。一見、自然な動きにも見えます。

しかし、運動は限定的です。腕を内側に引き寄せることはできるけど、外側に開くことはできない。指も動かすことができません。文鎮のように紙を押さえることはできても、指で細かい作業をすることは難しい。腕の内側の神経が、辛うじてつながっているだけなのです。

腕が物理的に存在し、部分的にせよ動くにもかかわらず、森さんは常に幻肢痛を感じています。しかもそれがかなり強い。他にもさまざまな痛みがあり、それは夜も寝られないほどだと言います。

「寝ようものなら、眠りのステイタスに入ったとたんに、呼吸が止まって蘇生した人のように飛び起きるんです。もしくは酸欠状態で悪夢の三本立てのループ状態から出られない。なので、寝るのはぼくにとっては無駄なんですよね」。

日中は幻肢痛があっても、寝ている間は消えるという人もいます。しかし森さんの場合はそうはいかない。文字通り、生活の全場面が痛みに覆われてしまっているのです。とはいえ体を休ませなくてはならない。そこで森さんは、一日おきに麻酔科に通い、麻酔をしてもらうことで寝るという方法をとっています。

加えて、眠れたとしても起きるまでがまた大変です。目が覚めると体がパンパンになっている。でもそれは、幻肢が腫れているのとは違う、と森さんは言います。森さん曰く、「脳からの信号で体がいっぱいになってしまっている」のではないか。

「僕の脳は、左手が切れているということをまだ学んでいない状態なんですよね。脳から左手への信号が、腕の内側はちゃんと届いているんだから、外側も行けるはずだと思っちゃう。『動かない』という報告が腕から来ても、脳は、『いや、そんなことない、行ってこい』とさらに信号を出すようになる。それがずっと続いているんです」。

エピソード3で確認したとおり、幻肢痛は、「動くだろう」という脳の予測に対して、「実際に動きました」という結果報告が返って来ないことが原因で生じると考えられています。結果報告が返って来ないので、脳がひたすら「動け」という信号を出し続ける。だからか、目覚めた直後の森さんの体は、「動け」という信号でパンパンになっている。森さんはそう考えています。

そんなパンパンになった状態で目覚めるので、まずは一日を始めるまでが一苦労です。そのために森さんが毎朝行っているのが、声を出すこと。「声を出すときの声帯の振動で、脳を起こす」のです。つまり、森さんは「起きる」のではなく「自分を起こす」必要があるのです。

それも、一回声を出せばすぐに体が起きるというわけではない。森さんは、毎朝、暗記しているお経を声に出して唱えるようにしています。読経しながら、「起きれるかどうか試す感じ」。結局、体を起こすまでに三〇分以上の時間がかかると言います。

動物になろうと思った

実は、怪我をした当初は、森さんの痛みは幻肢痛だとは分かっていませんでした。整形外科に通っていたため、「神経が切れているんだから痛まないはずだ」と言われていたのです。欠損しているならまだしも、物理的に腕があって、しかも動いているにもかかわらず、幻肢痛があるとは考えられにくかったのです。結局、その痛みが幻肢痛だと分かったのは、ようやく二〇〇五年になってからのことでした。

それゆえ怪我をしてしばらくは、痛みの正体も分からないまま、ただただ苦しめられる日々が続きました。自殺念慮に苛まれ、最初の一〇年は引きこもりのような生活を送っていたと言います。同じ病気の仲間も次々と亡くなっていく。「最後まで生きていたらどうなんだろう、と思っていました」。

やがて引きこもりの時期が過ぎると、今度は逆に「出っ放し」になったと言います。家にこもらず、むしろ外に出て行く。

生きる方法を手探りするなかで森さんが考えついたのは、「動物になる」という道でした。つまり、人間をやめようと思ったのです。

「手負いの動物って泣かないですよね。ただ生きようとするじゃないですか。人間としての思考を止めて、動物のように生きるしかない」。

「ぼくは普通に生きることを途中で諦めたというか。『普通に生きるのを諦めて命をとる』のと『普通に生きようとして命を諦める』のどっちなのかというときにぼくは命をとったんです」。

自分の現状を俯瞰して「なぜ」と理由を問うたり、あるいは何らかの判断を下したりするメタ的な意識の動き。森さんは、自分の中にある、そうした人間としての機能を停止させる道を選びます。それはある意味では「人間をやめる」ことになる。でも、ただ生きるためにはそれが必要だったと森さんは言います。

森さんが具体的にやったのは、まさに動物のように、山の中に入ることでした。

「山の中に入っていって、何日間もおにぎりだけで、何も考えずにひたすら座禅をしたり瞑想をしたりしていました。そのときはまだ体力があったので、静かにすることで痛みを抑えられていました」。

「ただ生きる」とは、「自分を制御しようとしない」ことであり「他者と比較しない」ということであるでしょう。のちに森さんは、「セルフセンター」という言葉でこれを語っています。

「バイクの前に乗っていた奴を恨まない、逆境を恨まない、順境を妬まない、自分はこれでいい、というセルフセンターな精神状態のまま行けばいいんじゃないかと思うんですよね。そこに計算とか欲が入ると、たぶんあまりよくない」。

どうにもならない痛みと付き合うために、森さんは意識の在り方をさぐる旅に出ます。一方でそれは「人を恨まない」というような心理的な側面を持つと同時に、痛む体とどう付き合うかという身体との関係をめぐる研究でもありました。

このとき禅を通して研究しはじめたことが、実はのちにＶＲを体験するときに活きてくるのです。

いざ、幻肢痛緩和ＶＲへ！

では、そのＶＲによる幻肢痛緩和とはどのようなものなのでしょうか。そして三〇年弱続いた痛みから一時的に解放されたときの森さんの感覚とは、どのようなものだったのでしょうか。

森さんが経験した幻肢痛緩和の装置は、実は幻肢痛の当事者が臨床医や技術者と協力しながら開発を進めているものです。当事者サイドから開発の先頭に立っているのは、猪俣一則さん。株式会社ＫＩＤＳのディレクターで、森さんと同じくバイク事故による引抜き損傷の経験者です（ただし猪俣さんの場合は右腕に麻痺）。

当事者による開発。そう、猪俣さんは、エピソード6で取り上げた倉澤さんとともにMAJの理事をつとめてもいます。エピソード6では倉澤さんのDIY精神について触れましたが、同じMAJのメンバーである猪俣さんは、まさにプロとして「作りながら研究すること」の最前線に立っています。

森さんは、二〇一八年の四月にKIDSのオフィス（そこはMAJの集まりが行われる場所でもあります）を訪れ、初めてVRを体験しました。その後もくり返し上京してVRを体験していますが、そのすべてを、猪俣さんがサポートします。私はこのうち二回目の、二〇一八年六月の機会に立ち合わせていただきました。

まずVRを実施する前に、幻肢がどのくらい動くかを確認します。この確認方法がとても興味深い。そもそもが見ることも触ることもできないものなので、測ることなどできるのだろうかと絶望しそうになります。ところが、意外な、でもとてもシンプルな方法でそれは測定することが可能なのです[★1]。

体験者はまず、電子タブレットの画面上に直線を描きながら、幻肢でも同じように直線を描くように言われます（次頁図）。森さんの場合は、右手でタッチペンを持って前後に繰り返し線を引きながら、幻肢のある左手でも前後に線を描くようなイメージを持ちます。

その後、今度は電子タブレットの画面上には引き続き直線を描きながら、幻肢では円を描く

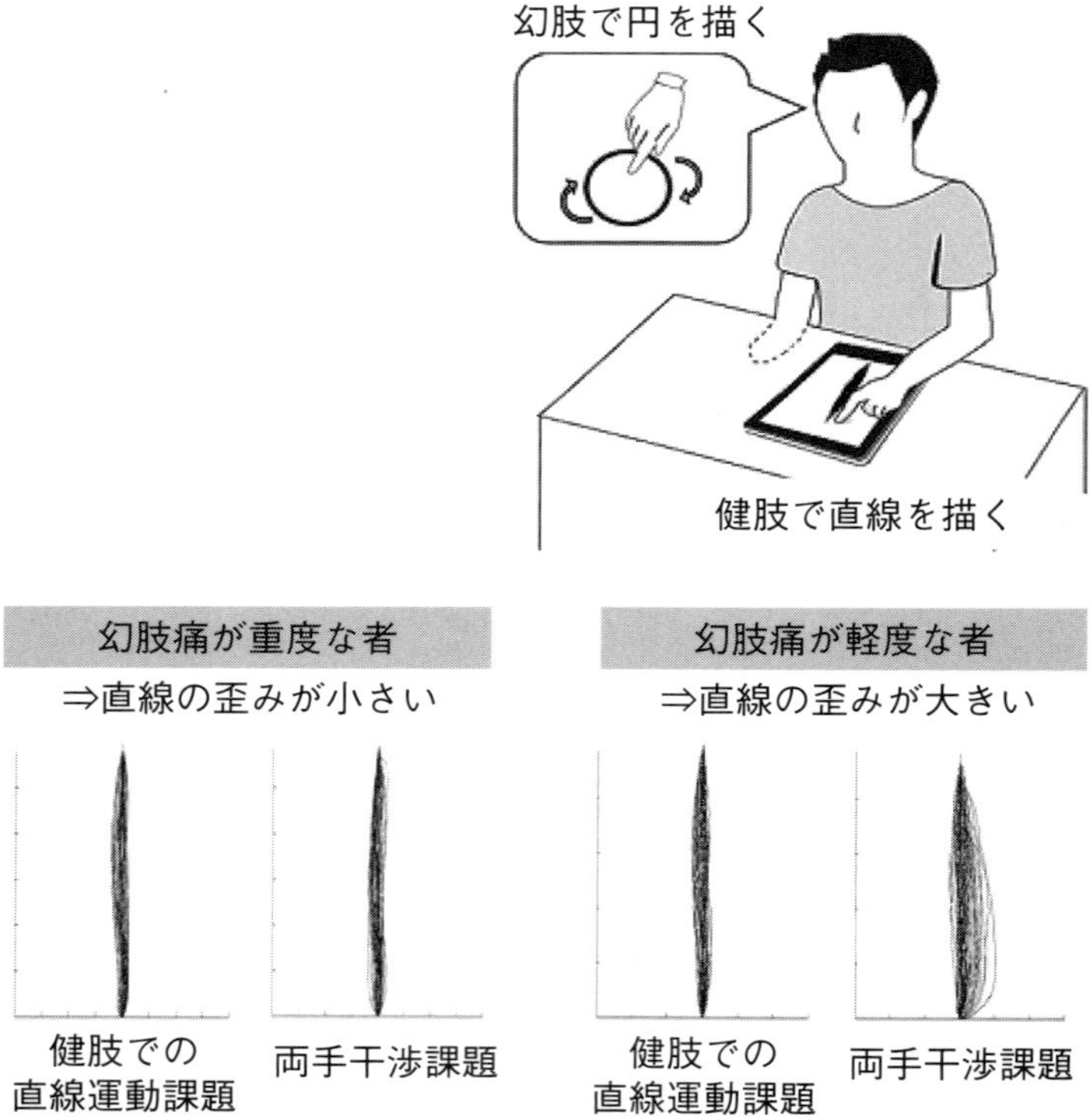
幻肢で円を描く
健肢で直線を描く
幻肢痛が重度な者
⇒直線の歪みが小さい
健肢での
直線運動課題
両手干渉課題
幻肢痛が軽度な者
⇒直線の歪みが大きい
健肢での
直線運動課題
両手干渉課題

ように指示されます。「直線を描く」と「円を描く」というあべこべの動作を同時に行うのです。これで、検査は終了です。

ここからどうやって幻肢の状態が分かるのか。健康な両手を持つ人の場合、左右の手であべこべの動作をすると、どうしても相互に影響しあってしまいます。つまり直線を描こうとしても、もう片方の手が円を描いていると、つられて直線が曲がってきてしまう。

検査は、この性質を利用したものです。つまり、健康な手が、どれだけ幻肢につられるかどうかを見るのです。

幻肢痛は、幻肢を自由に動かせる人ほど、痛みが少ないことが知られています。ということは、幻肢痛が軽度な人ほど、健康な手がそれにつられてしまい、描かれた線がゆがむことになります。逆に重度な人ほど健康な手で描く直線が歪まず、上手に線を描けてしまうのです。

猪俣さんは、VRの前後にこの検査を行います。VRがどのくらい幻肢痛緩和に効果があったかを確認するために、検査を利用しているのです。VR後に直線が「下手に」なれば、幻肢が随意的に動かせるようになったということになります。

「通電」がおとずれるまで

いよいよ幻肢痛緩和ＶＲの体験です。

猪俣さんたちが開発しているＶＲシステムも、通常のＶＲと同じように、巨大なメガネのような装置、ヘッドマウントディスプレイ（ＨＭＤ）を装着して行います。

まず椅子に座り、ＨＭＤを頭から装着。すると、いくつかの白い線が画面の奥に向かってのびているのが見えます。まるで一〇〇メートル走のスタート地点についたかのような景色。一方で自分に近いところにはテーブルのような台があり、その奥には鏡のようなものもあって、化粧台に向かって座っているようです。

テーブルに向かって座ったまま、手を動かします。すると、そのバーチャルな空間にいる自分の手も、そのとおり動きます。手は右腕と左腕の二つ。ただしそれはリアルな手とは違っていて、真っ白で断面が四角い、森さんに言わせれば「羊羹のような」指をした手です。欠損した人であっても、必ず手が二つ見えるようになっています。

この腕は、体験者の健康な腕（森さんなら右腕）の位置情報を、反転させて幻肢のある側に出したものです。したがって、左右の手指は対称に動きます。健康な手でこぶしを握れば、もう

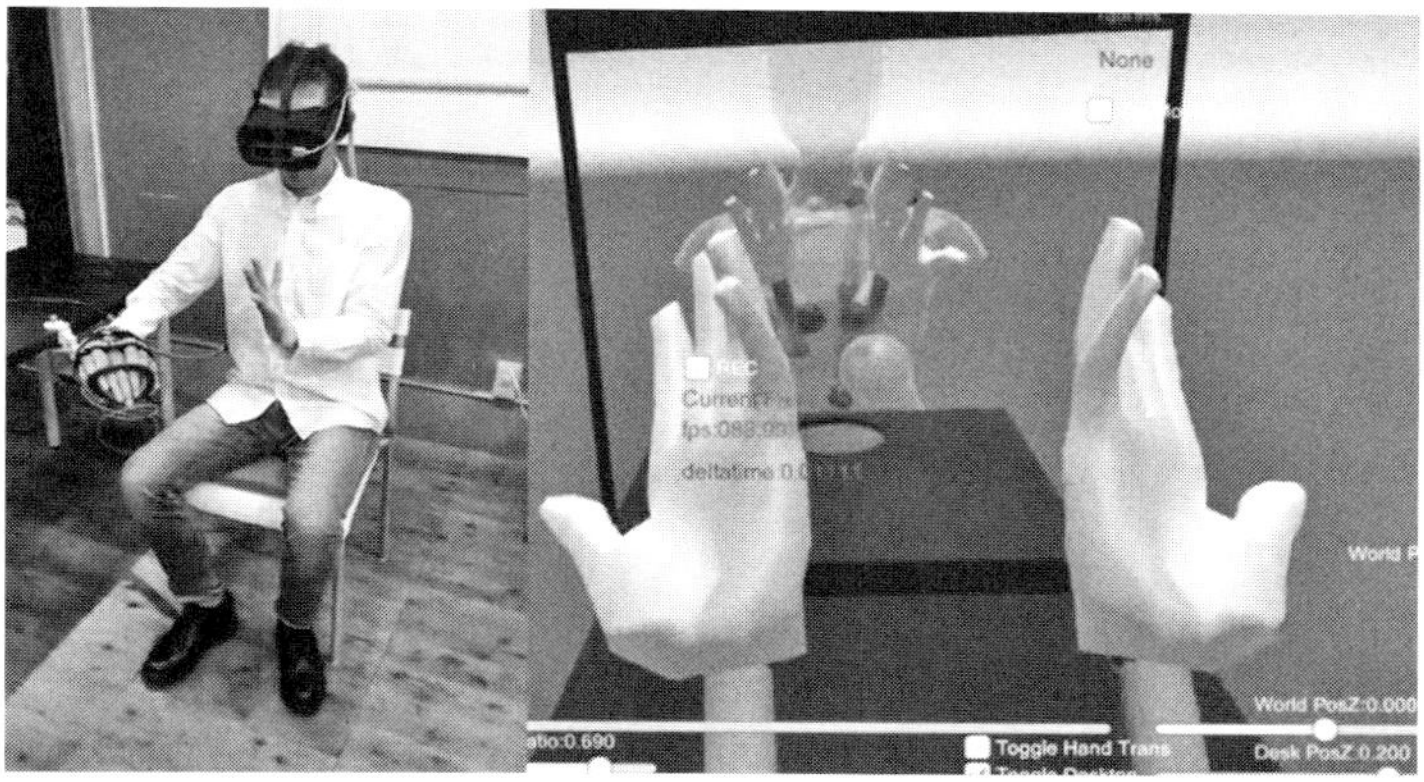

株式会社KIDS開発の幻肢痛緩和のVR。健康な腕の位置情報を反転させ、他方の腕を視覚化させる（NPO法人Mission ARM Japan/幻肢痛交流会にて）

片方の（ないはずの、あるいは麻痺しているはずの）手もそれに合わせて握る。逆に開けば、同じように反対側も開きます。健康な腕、肩・肘・手首・五本の指の動きを赤外線センターを用いて計測し、リアルタイムで提示しているので、動きに違和感を感じることはありません。

さらに当事者ひとりひとりにあわせてカスタマイズすることも可能。腕を短かく感じるなど、幻肢の位置は人によって違うため、その人その人の幻肢の位置にあわせてバーチャルな手が出るようにプログラムされています。

体験者は、自身が感じる幻肢の位置とこのバーチャルな手がぴったり一致し、さらに動きもシンクロすることで、それをまぎれもなく「自分の」手だと感じます。ＶＲを体験したことのある方は実感したことがあるかもしれませんが、ＶＲでは、目の前に見える自分の動きと連動して動くイメージを、自分の体の一部であると感じる錯覚がしばしば起こります。

原理はこうです。通常、私たちの視界には、手や足、あるいは鼻といった自分の体の一部が見えています。それらは常に視界の隅でちらちら動いています。

ところがVR体験中は、HMDをしているので、そうした体の一部が視界に入りません。一方で、VR体験中であったとしても、手や足を動かすと、動かしたという実感が、内側から感じられます。

すると、その内側の感覚と一致して動くもの――前方に見える手や足元に見える靴、はたまた猫の手やゾウの脚であったとしても――を、自分の体の一部だと錯覚してしまうのです。まるで、自分が自分でないものに憑依したかのようです。

幻肢痛緩和において重要なのも、この「バーチャルな手を自分のものだと感じる感覚」です。手を動かそうとすると、本当に手が動く。バーチャル空間の中で、手が「脳の信号」に応じる瞬間です。

この瞬間を、森さんは「通電」と呼びます。常に靄《もや》がかかったような現実の左手が、バーチャルな左手とリンクして、動かせるようになる。それは「ハマる」感じだと森さんは言います。

「ぼくの左手は親指と人差し指だけまだ触覚神経が生きています。だから、現実の左手をその

VR画面内の左手の位置まで持って行ったら、自分の手の感覚が、ちゃんとハマるんです」。ただし、通電はVR空間を覗いてすぐに起こるわけではないそうです。久しぶりに自転車に乗るとき、最初は乗れるかなと不安に感じていても、実際に乗ればコツをすぐに思い出すことができます。「通電」はそれと同じですか？　と質問したところ、森さんからは「それとは違う」という答えが返ってきました。

というのも、「通電」には数分の時間がかかるからです。何人かの患者さんがVRを体験する場に立ち会わせていただきましたが、この状態に入るまでに、ひとりずつ異なる「儀式」のようなものがあるのです。

左右の指を順番に合わせていく人もいれば、空中に八の字の線を描き続ける人もいる。思い思いの「儀式」に従って、「通電」の瞬間を待っているようでした。★2

両手感を思い出す

興味深いのは、この「通電」が、単なるバーチャルな左手と現実の左手の空間的な一致の感覚にはとどまらない、ということです。

ポイントは再び「両手感」。森さんは、VRによって左手を取り戻すのではない。「両手感」

を取り戻すのです。

森さんは言います。「わ、両手動いている！　という感覚ですね」。それは最初のVR体験のときにすぐに感じられたといいます。「一発でつながった感じですね。あ、なるほど！　と。（…）まさに『両手感』ですね」。

かつて両手があったときの、右手と左手が連動して動く感覚。先ほども述べたように、猪俣さんたちが開発するVRシステムでは、左右の手が対称に動きます。これを利用して、両手で協力した動作をすることができます。

たとえばバーチャル空間内に転がってきたボールを拾う。ブロックを運ぶ。あるいは水をすくう動作をする。こうした両手が協働して動く動作をすると、この「両手感」はいっそう強まると言います。

エピソード7で川村さんが語っていたとおり、先天的に片方の手しかない人にとって、「両手」という感覚はありません。けれども、もともと両手を持っていた森さんの場合には、「両手」の記憶がある。

左手を失うということは、左手と右手という二つの手が連動して動くその感覚を失うということを意味します。物理的なモノとしての手の記憶ではなく、それがどのように動いていたかという運動の記憶。VRを通して、幻肢痛の当事者たちは、この運動の記憶を取り戻します。

かつて両手があったときの、あの感覚。猪俣さんも、VRは「思い出体験」だと言います。「私たちは『思い出体験』と呼んでいますが、筋トレするというよりも、かつてできていた動きを再現してもらいます。例えば顔を洗うときに以前は水を両手ですくっていたけれど、片手ではできなくなった。そういう昔できていた動作・体験は、懐かしさよりVRに親和性を感じ、脳に障害なく、すんなり入っていきます[★3]」。

この両手感は、単なる「両手を持っていた」記憶ではなく、「両手が連動して動いていた」記憶であることがポイントです。森さんの場合、この運動感覚の回復によって、幻肢の感じ方そのものにも変化が生じると言います。

それは一言で言えば、「指を発見する」感覚です。ふだんは「大きな痛みの塊」として感じられていた幻肢が、指一本一本に分解されていくのです。

森さんは言います。「感覚的には、ふだんは『でっかい痛み』なんです。でっかいプレス機に挟まったような。そのでっかい痛みが、VRをやると、一本一本に分解されて、『指』になっていく感覚なんです。十分もかからないうちに、指が一本一本に入っていきます。腕は、感覚が残っていて、痛くないんです。実際には指は動いていないんですが、動いている感覚があります」。

痛みが指になる。このとき、森さんを二四時間苦しめていた痛みが消え、無痛状態が訪れます。

先ほど、先行研究で「幻肢が動くほど幻肢痛が少ない」ことが知られていると確認しました。私は脳科学の専門ではないので、外から観察することしかできませんが、VR空間のなかで腕を動かす経験をしたことで、森さんの幻肢痛が一時的に無くなったと考えられます。「動きの記憶」が幻肢痛緩和のポイントなのです。

テレビ画面の真ん中に白い手が

こうして約三〇年ぶりに無痛状態を経験した森さん。とはいえ、ずっとHMDをしたまま生活するわけにはいきません。VRは没入的な経験なので、数十分も継続していると、ぐったり疲れてきてしまいます。

HMDを外すと、しばらくは無痛状態が続きます。けれども、多くの場合、数時間・数日間すると痛みが復活してきてしまいます。以前、別の患者さんが、「痛くないうちに飲みに行ってきます」とVR終了後にKIDSのオフィスを飛び出して行ったのが印象的でした。

もっとも、復活したとしても痛みは弱くなっているケースが多いので、繰り返しVRを行うことで、効果が持続することが期待されます。VR体験会「幻肢痛交流会」は隔週ごとに開催されているので、毎回のように参加する患者さんもいます。

けれども森さんは、遠方に住んでいることもあり、なかなか継続的に治療を行うことが難しい。いかにVRを使わないで、VRの効果を持続させるか。再び記憶をめぐる、森さんの新たな研究が始まります。

ポイントは、VRで体感した「通電」の感覚をいかに取り戻すかです。そのためには、頭の中で、あのバーチャル空間の中の白い手の動きを再現することが必要です。そもそもあの白い手は、日常でも記憶ベースで訓練できるよう、思い出しやすく記憶に残りやすいシンプルな形の手が採用されていたのでした。

思い出しやすくするための工夫はVR体験中から行われていました。通電するたびに、森さんは耳元で指をパチンと鳴らすようにしていたのです。結果的にそれはあまり意味がなかったようですが、視覚だけでなく聴覚でも記憶しようとする実験でした。思いつく限りの試行錯誤を、森さんは独自に進めます。

「通電」感覚に至るためのきっかけは、白い手の見た目のイメージだけではありません。視覚的な記憶だけではなく、白い手を動かすときのむにゅっとした質感や、細部の構造までもを丁寧に思い出していきます。「[羊羹のような]テクスチャーや形のディティールを、指先から手首まで、順繰り順繰り思い出していくんですよ」。

「見る」ようにではなく「感じる」ように思い出す、とでも言うべきでしょうか。過去の経験を映像として思い出すのではなく、主観的に再生するように思い出すやり方です。

白い手の動きを思い出しながら、森さんは、VR体験のときと同じように、健康な右手を動かしていきます。現実の右手の動きと連動して、記憶＝バーチャルな両手が動く状態です。

うまくすると、記憶でもきちんと「通電」が起こるといいます。森さんは、何と一日一〇時間以上この訓練を行なっているそう。通電してさえいれば、痛みが和らいだ状態でいられるからです。そして、それだけが唯一の、肉体的に痛みから遠ざかることのできる方法だからです。

「家にいるときは、苦しい思いをするくらいなら、起きてずっと手を動かす訓練をしています。なので、かなり星飛雄馬的な、スポ根漫画レベルでずっとやっています」。

ふつうならリラックスする時間であるはずのテレビドラマを見る時間も、森さんは白い手と一緒に右手を動かしていると言います。ドラマを見ながらでも手が動かせるということは、白い手の記憶が、もはや努力して思い出す対象ではなくなっていることを意味しています。「テレビの画面の真ん中に白い手が動いていますからね」。

意識的に思い出すのではなく、意識に常に手がある、とでも言えばよいでしょうか。意識と無意識の境界をさぐるような研究と訓練を、森さんは一人で続けています。

ストームトルーパーの手と差し替えた

そんなふうに、記憶の中で手を動かす訓練をしていた森さんですが、最初にＶＲ体験をしたときは、一ヶ月もするとだんだんと視覚的な記憶が薄れてきてしまった、と言います。

そこでどうしたか。なんと、思い出すことに固執することをやめて、別の手のイメージに差し替えたのです。差し替えたのは、『スター・ウォーズ』に出てくるストームトルーパーの手。最初の記憶とは異なるけれど、映画で何度も見ていて鮮明にイメージすることのできる手です。果たして、それはうまくいきます。「ＶＲの中の白い手を、映画でルーク・スカイウォーカーが被っていたあの手に変えちゃったんです。こっちの方がかっこいいわって。そしたらすんなり反応してくれました」。

頭のなかで、自分の体からストームトルーパーの手が生えているように感じながら、右手を動かし続ける森さん。ただしこれにはちょっと笑える副作用がありました。それは、次にＶＲを体験したときに、ＶＲ空間内の手がストームトルーパーでないために、違和感を感じてしまったこと。「あれ、ストームトルーパーじゃないんだ、って思ってしまって、ちょっと時間かかっちゃうんですよ（笑）」。

VRと禅

現在、森さんは二回目のVRを終え、さらに記憶を定着させるための研究と訓練を独自に行っています。

今後、森さんの幻肢痛はどうなっていくのか。VRによる幻肢痛緩和の試み、臨床への応用は始まったばかりで、まだほとんど前例がありません。まさに道なき道を森さんは進もうとしています。

現時点での仮説を、森さんはこう話します。

「みなさん、手を動かそうと思って動かしてないですよね」。

確かに私たちが手を動かすとき、手にいちいち命令を出しているわけではありません。意識しなくても、おのずと手は動きます。

森さんは、毎日一〇時間以上の訓練をするなかで、この「意識しなくても動く」状態に近づけることがゴールになりうるのではないか、と言います。まさに「テレビの画面の真ん中に白い手が動いている」ような状態を、当たり前のものにしようとしているのです。それは、記憶の疼きとも言える幻肢痛を、記憶を通して書き換えていく作業です。

たとえば、冒頭で書いたとおり、森さんは毎朝読経をしています。これも、最初はもちろん意識的な行為でした。内容を覚え、書いて、意味を理解する。慣れるまでは、時間をかけて努力して身につける段階がありました。

けれども、今では特に意識しなくても読経することができます。がんばらなくても、いわば「片手間」で読経できるようになっているのです。「読経しながら他のことを考えられるんですね。読経は別の領域に渡して、『今日は何を食べようかな』とか考えられる」。

VRの効果も同じなのではないか、と森さんは言います。つまり、今は「思い出し、繰り返す」という訓練の段階にあるけれども、慣れてくれば、意識しなくても白い手がイメージされ、それとともに手が動いているような状態になるのではないか。

そのような自動化が起こるためには、むしろ「いかに効果をブロックしないか」が重要ではないかと森さんは考えています。

たとえば「言語を動かしちゃったりすると、視覚が消えちゃう」。かといって、言葉を思い浮かべないようにがんばってしまうと、今度はそれに縛られてしまってうまくいかない。「何かが思い浮かんだら、しばらく浮かばせとくというか、言語野が動くなら動け、と遊ばせておきますけどね」。

意識しないことを意識する、は最大の難問です。

それはある意味で、山にこもっていた頃の「動物化」の状態に近いのかもしれません。「『こんなに辛くては生きていけない』というネガティブな考えも、『全然辛くない』というポジティブな考えも、とにかく考えをいっさい止めるんです。何も考えない。それでひたすら機械のようにひたすら訓練する」。

私たちの意識を超えて作用する記憶と体の関係をつなぎなおすこと。それはまさに「けもの道」なのかもしれません。それでも、「研究しないと死んじゃう」と森さんは言います。森さんは、誰も歩いたことのない道を、探りながら一歩一歩進んでいきます。

そして改めて驚くべきは、ＶＲと読経という一見無関係なものが、意識と体の関係という深いレベルで結びついていること。まさに森さんならではのローカル・ルールに根ざした研究の広がりです。

★１　Michihiro Osumi, Masahiko Sumitani, Naoki Wake, Yuko Sano, Akimichi Ichinose, Shin-ichiro Kumagaya, Yasuo Kuniyoshi, Shu Morioka, "Structured movement representations of a phantom limb associated with phantom limb pain," *Neuroscience Letters*, Volume 605, 25 September 2015, pp. 7-11

★２　ＶＲによる幻肢痛緩和の効果は、現時点では、すべての人に見られるというわけではありません。猪俣さんによれば「幻肢のことを忘れようとされている患者さんは、訓練で幻肢を動かそうとすると幻肢が騒ぎ、痛み出すので逆に辛い」とのこと。後掲ＵＲＬの記事を参照。

★3　https://wrap-vr.com/archives/29804

分有される痛み

EPISODE 9

「在日朝鮮人三世」×「難病」というダブルマイノリティ

鄭堅桓《チョン・ヒョナン》さんは、自身を「ダブルマイノリティ」と称します。

まず、チョンさんは在日朝鮮人三世として生まれました。子供の頃から出自に関係するいじめや差別を経験し、学校や大人を無条件に信じることができない環境で育ちます。

他方で、二〇〇六年に慢性炎症性脱髄性多発神経炎（ＣＩＤＰ）という難病を発症します。ＣＩＤＰは慢性的な痛みを伴う病気。最初は、「足を切ってくれ」と家族に頼むほど苦しむ日々でしたが、八年ほどかけて痛みの感じ方が変わり、「体がようやく自分のものになった」と言います。

客観的に見れば、チョンさんはこれまでに人の何倍もの苦労を経験しています。しかし、誤解を恐れずに言えば、チョンさんといると何だかとても楽観的な気持ちになるのです。疑り深いアウトロー的な雰囲気と、頼もしいリーダーのようなあたたかさ。「ぼくみたいなヤンキー」とチョンさんは笑います。学生向けに講演をしてもらったことがありましたが、その話ぶりにみんなが引き込まれていました。

なぜチョンさんといると楽観的な気持ちになるのか。おそらくその理由は、チョンさんの言葉には、友達にいじめられたとか、足が痛むとか、そういった個別具体的な苦労に対する対処法を超えて、そもそも苦労というものに向き合うとはどういうことなのかということについての、本質的な知恵が含まれているからなのではないかと思うのです。

そしてその知恵は、まさにチョンさんが「マイノリティ」という言葉を好んで使うことに象徴されるように、チョンさんがあるコミュニティと関わり、その力を借りながら醸成していったものです。自分はこういうことで苦しんでいる。じゃあ、親戚のおじさんに聞いてみよう。痛みをひとりのものとして抱え込まない大らかな態度が、チョンさんの言葉の端々に聞こえてきます。

実際、「在日」と「難病」という二つのマイノリティ性は、チョンさんにとって無関係ではなかったと言います。難病とつきあう方法を探るなかで、在日朝鮮人三世として考えてきたことがヒントになったのです。

チョンさんがいかにして八年かけて「自分の体を取り戻す」に至ったのか。まずはＣＩＤＰという病気と、体の状態について整理します。

痺れる足、薄い手

ＣＩＤＰは、神経をつつむミエリン鞘という組織がはがれていく病気です。日本での患者数が二〇〇〇人ほどの難病です（二〇〇八年報告）。一度かかって治る人もいれば、チョンさんのように再発する人もいます。

チョンさんがＣＩＤＰを発症したのは二〇〇六年のこと。インタビューをしたのは、それから一二年が経ったタイミングでした。ちなみにチョンさんは元看護師、奥さんは現看護師なので、インタビューのときにも、体の組織や薬の種類について、すらすらと説明をしてくれました。

ＣＩＤＰにかかると、ミエリン鞘がはがれることによって神経がむき出しになってしまうため、全身の末梢に痺れが生じます。チョンさんの場合には、足に強い痺れがあり、いつもジンジンしている感じで、慢性的に痛むそうです。

一般的に寝不足のときにまぶたがピクピクすることがありますが、あれが日常的に起こっているような状態だそう。「まわりには分からないけど僕の中でピクピクしている」。今は鈍感になったけれど、最初はイライラすることもあったそうです。

痺れの度合いが一番強いのは足ですが、手と顔面にもうっすらとした痺れがあります。顔面に麻痺があるために、大きい飴玉は口の中にとどめておけません。以前、夏場に氷を舐めていたら喉の方に入ってしまって詰まりそうになったことがあったと言います。

痺れに加えて特徴的なのは、筋肉の衰えです。握力がなく、いまでは右手の握力が二〇キロ、左手が一三キロほどしかありません。成人男性の標準的な握力は四五から五〇キロですから、その半分以下ということになります。

チョンさんが最初に病院に行くきっかけになったのも、手の筋肉の痩せでした。

看護師として働くなか、注射のときに容器を開けるアンプルカットができなくなったり、記録が書けなくなったり、さまざまな異変を感じ始めた。疲れやすくもなっていましたが、病院を移ったばかりで無理をして働いていたといいます。

すると、ベテランの看護師さんがチョンさんの手を見て言ったそうです。「この手、おかしいよ」「筋肉が薄い」と。一度神経内科で診てもらったほうが良いと言われ、受診したところ、腱反射がいっさいなかった。即入院となり、さまざまな検査を経て、ＣＩＤＰという確定診断がつきます。

サンドイッチが飛んでいっちゃう

さらに、ＣＩＤＰは神経の病気ですので、体を思うように制御できない、といったことが起こります。

力を入れようとしても入らない。やろうとしたのと違うことを体がやる。チョンさんと最初にお会いしたとき、私が以前書いた本にかこつけて「ぼくの体もどもる体ですよ」と自己紹介してくれました。

たとえば、ジプロックの封を開けることができません。病院に入院しているあいだ、友達が花火大会に連れていってくれたのだそうです。そのとき、料理をジプロックの袋に入れて持っていってていたのですが、それを開けることができなかった。「横にひっぱるのがこそばゆくて、全然力が入らない。『なんじゃこりゃ』という感じです」。

あるいはお茶を飲むとき。目の前にお茶の入ったコップがあったら、それを取ろうとして手を伸ばします。ところがチョンさんの手は、コップに届く手前でぷるぷると震えだしてしまい、リーチすることができません。「細かい微調整ができないんですよね。こんにゃく人間って呼んでます。踊り出しちゃう」。

さらに、サンドイッチやハンバーガーを食べるとき。食べようとすると、「飛んでいっちゃう」と言います。「サンドイッチやハンバーガーは、ぎゅーっとつぶして硬くしないとダメですね。そうしないと物が手から踊るようにして飛んでいくんです。パンがふわふわしているんで、手が暴れ出して、飛んで行っちゃうんですよ」。

多くの人が当たり前のようにやっていますが、言われてみれば、サンドイッチやハンバーガーを食べるのは複雑な作業です。パンは柔らかい。他方で具はきっちり挟まなければならない。つまり「ふんわりとしか持てないものでしっかり持つ」という矛盾したことをしなければならないのです。

できることとできないことの規則性がないことも、チョンさんの体の特徴です。両腕を上にバンザイすることはできるけど、そのまま下ろすことができない。でも右か左、どちらか一方ずつであればスムーズに下ろすことができる。

あるいは右手で箸を持つことはできるのに、スプーンになると震えが大きくなって持つことができません。一方、左でだと、箸でもスプーンでも問題なく持つことができます。左右差、遠心的な動きと求心的な動きなど、さまざまな条件があいまって、チョンさんの体はできることとできないことの区分けが非常に複雑です。

他の人とものをやりとりするときも、体が言うことを聞かないことがあります。たとえばテイッシュを渡したり、お金を支払ったりするとき。ティッシュを取れたとしても、それを相手に渡そうとすると、手が頑なに離してくれないのだそうです。あるいは支払いでも、小銭を掴むことができない。「お店によっては、店員さんがびっくりしちゃって、受け取るのも渡すのも難しくなりますね」。

町で人とすれ違うのも大変です。避けようとすると、逆に引っ張られてしまう。「体が触れたか触れないかのような状態になると、暴れだしちゃうんです。人がすーっと通って行っただけで、磁石のN極とS極みたいにひっぱられちゃう」。チョンさんはふだんから杖を持っていますが、それは体重を支えるためというより、体が引き寄せられるのを止めたり、周りの人に障害があることを知らせたりするためだと言います。

どもる体を逸らす工夫

必要以上に柔らかくなったり、あるいは逆に硬くなったりするチョンさんの体。確かに吃音と似ています。

体が柔らかくなるのは、吃音の「連発」と呼ばれる症状に似ています。連発は、「たたたたたまご」のように、同じ音を繰り返してしまう症状。「た」を発声する発声器官のポジションから、「ま」のポジションへと移行することができず、アイドリングが生じている状態です。この連発は「タガが外れている感じ」「すべる感じ」だと当事者は言います。

一方、硬くなる状態は「難発」と呼ばれる症状に似ています。難発は、体がフリーズして最初の音が出ない状態。全身が緊張して呼吸も止まってしまうので、体が石や氷のように冷たくなったように感じると当事者は言います。

もちろん、CIDPと吃音はまったく別物です。けれども、自分の体の状態が、物（言葉）や他者によって敏感に変えられてしまう事態は、共通する部分があります。どちらも、物や他者によってひきずられやすい体なのです。

ひきずられないようにするには、どうしたらいいか。対処方法も、吃音に通じるものがあります。

大切なのは「逸らす」こと。難発になったとき、多くの吃音当事者は「言い換え」を行います。つまり、似たような意味の別の単語に言い換えるのです。「飛行機」が言えなそうだなと思ったら「航空機」と言ってみる。すると、たいていの場合はすっと言葉が出てきます。「飛行機」と言おうとしている状態から、体を「逸らす」のです。

意識して準備してしまうと、うまく行為できなくなってしまう。チョンさんも同じです。そこでチョンさんは、ものを取るにしてもなるべく取ろうと意識しないで取るようにしています。

考えずに、さっと取る。「頭の中で指示を出すとストップしちゃうんで、それで『逸らす』という方法になったんだと思います」。

とはいえ、意識してしまうこともあります。そういうときは、「見ないでやる」ことが有効なそうです。つまり、取ろうとするもの、たとえばコップの位置を一度確認したら、そこから目を逸らして手をのばすと、体が踊り出すことなく取れるのだそうです。苦手な動作であれば「見た方が楽」のように思えますが、むしろ「見ない方が楽」なのです。

私たちは通常、運動しながら対象を見て、リアルタイムで微調整しています。だからこそ、白いラインに沿って走ったり、カーブの曲率に従って曲がったりすることができる。チョンさんの場合には、むしろ見ないことによって入ってくる情報の量が制限され、運動を調整する負荷が減り、結果としてうまく行為できるのではないかと推測されます。

あるいは、他の人との相互行為の場合には、「行為の主導権を人に明け渡す」のも有効なやり方です。たとえば先ほどの、ティッシュを手渡す場面。渡そう渡そうと自分が行為の主導権を持って調整している状態だと、意識してしまってうまく手渡すことができない。けれども相手が手を伸ばして受け取ってくれると、何の問題もなくすっと手渡すことができる。

自分に主導権があるとうまくいかないけれど、相手の行為の文脈に自分が乗っている状態だとうまくいくのです。吃音の人が、リズムに任せてノっていると問題なくしゃべれるのと似ています。

夏は焚き火、冬は針に刺される痛み

そして、こうした複雑な運動障害に加えて、チョンさんの体を特徴づけるのが慢性的な痛みです。

特に痛みが強いのが足です。その痛みは、夏と冬で変化があります。「夏場は焚き火を燃やしているところに足をずっと突っ込んでいる感じ」。時に腫れる感じもあり、「熊みたいな足になっているんじゃないかと思って、最初はよく確認していました」。

これに対して冬は、刺すような痛みになると言います。爪と肉のあいだを「針でチクチクされている感じ」。「全部の指をチクチクされています。電気が走るような感じで、歩くために踏み込むと、ときどき痛みが広がります」。

夏の焚き火と冬の針。おそらくは血流の変化によって変わる季節ごとの痛みです。

幻肢痛の当事者と話していても感じることですが、痛みを表現する言葉は人によって大きく違います。それを聞いていると、何だかこちらの体にまで痛みが伝わってくるような気がします。でも、もちろんそれは錯覚にすぎません。

痛みの経験は、本質的に個人的なものです。どんなに言葉を費やしたとしても、その体の外に出すことはできない。痛みに関するインタビューをしていて、いつも感じるジレンマです。

チョンさんの足の痛みは、発病してしばらくの間は、変化はあるとしても痛みそのものが弱まることはありませんでした。夜も痛くて眠れず、薬もまったく効かなかったそうです。

一瞬たりとも痛みから自由になる方法がなく、どこにも出口が見えない状況。病気そのものの治療法が見つかっていない以上、「いつかは解放される」という希望を持つこともできません。チョンさんは言います。「この痺れが一生続くと思うと、わーっと爆発するような感じでした」。

一縷《いちる》の望みでもあればすがりたい、という気分だったことでしょう。でもそれすらもないと思うとき、チョンさんは、「この痛みから逃れられる方法が死であるならそれでも構わない、と思うこともあった」と言います。特に夜も眠れないのが辛く、「家族を起こして、『足を切ってくれ』と頼んでいた」。ただ楽になりたい、その一心だったのだと思います。出口を探してもがき苦しむなかで、家族にも辛くあたってしまい、会話も減ってしまいました。

これは自分ではない

発病してからしばらくのこの痛みの時期、チョンさんとチョンさんの体のあいだには、遠い距離がありました。「最初は、これはもう自分じゃない、自分の体はこうじゃない、という感じでした」。この思い通りにならない体を、自分の体だと認めることができなかったのです。

それは言いかえれば、かつての健康な自分、記憶のなかの自分の体の方こそを、本当の自分の体だと思っていたということを示しています。そのために、絶えず過去の自分の体を基準にして現在の体を評価する意識がはたらき、現在の体を「これは違う」と拒絶してしまっていました。

本書のプロローグで、中途障害の当事者においては体が二重化していると書きました。記憶として持っている健常者として生きていたときの体と、現在の障害を得たあとの体が、ハイブリッドになって現在の経験を形づくっているのです。

この時期のチョンさんは、記憶の中のすでにない体を、そのまま現在においても生きようとしていたことになります。現在の体の状態はあくまで「例外」であって、本来の姿でない。そう思うことが、少なくともその時期のチョンさんにとっては、痛みとつきあうための手段だったのです。

痛み以外の運動障害に関しても、同じように、過去の体を生きようとする感覚があったと言います。「コップなどを取ろうとする動きも、そうだと思うんです。自分では取れるはずなのに取れない、自分の体じゃないんだと受け入れられない感じです。なかなか向き合えなかったですね、戻りたいという一心があると」。

過去の体から離れるのは容易なことではありません。過去の体にもとづいて現在の体を評価する姿勢は、チョンさんのような難病の当事者にかぎらず、多くの中途障害者において見られる自然なものです。義手に関しても、先天的に手が欠損している人と、中途で切断した人では、こだわりがまったく違いました。先天的に障害のある人は、その状態が自分にとっての「当たり前」ですが、中途障害の場合には、変化はあくまで「欠損」なのです。

体からの出られなさ

そして幻肢の場合と同じように、チョンさんの欠損には痛みが伴います。

痛みとは本質的に自分の体の輪郭に関わる現象です。「どこまでが私の体か」の境界に、痛みが生じるのです。別の言い方をすれば、痛いとき、私の体の境界は混乱している。だからこそ、チョンさんは自分の体を自分の体ではない、と感じています。

一方で痛みは他人とは共有できない、私だけのものである。他方で、痛みは私の境界を混乱させる。表象文化論が専門の橋本一径は、この痛みと私のパラドキシカルな関係について論じています。曰く「痛みという『他者性』を内に抱え込んだときに、身体は初めて私の一部になる」[★1]。つまり、痛みは私でないからこそ、体を私のものにする、と言うのです。

どういうことか。橋本は、アメリカの精神科医アレン・フランセスとレナード・ゲイルが手がけた、一八歳の先天性無痛症者の言葉を参照します。報告によれば、この少年は、自分の体を「誰が乗ってもいい自動車」のようなものと感じていた。自分の手足は「道具」のようなもので、自分の一部だとは思えなかったそうです。

これを受けて、橋本はこう論じます。「痛みがあるからこそ体は私の一部となるのであり、痛みがなければ、それは『自動車』や『道具』のような、私の所有物と変わらない。だが痛みとは一方で、私の意志に反して訪れる、私の自由にはならない、私を超えたなにかである。所有物のように私が意のままに使うことができるのは、むしろ痛みのない身体だ」[★2]。

痛みは、私の思い通りにならないものです。痛むとき、私たちは自分の体が「持って行かれた」ように感じます。けれども、そもそも体とは「持って行かれている」ものなのです。自分の思い通りに操ったり、使いこなしたりできるようなものは、体ではない。体とは私にとって、本来的に未知なものです。にもかかわらず、そこから出られない。それが生きるということです。

チョンさんの「これは自分ではない」という感覚も、体からの絶対的な出られなさの裏返しに他なりません。慢性的な痛みのなかで、「この体が自分のものである」ことと「自分のものでない」ことを同時につきつけられる。それは、過去と現在、意志と未知のあいだで、体と私の関係を結び直すのに必要な時間であったと考えられます。

すでに痛みは分有されていた

そしてようやく発症してから八年ほどたったころ、チョンさんと体の距離感が変化し始めます。痛みの感じ方が変わってきたのです。

「症状じたいは変わらないんですね。でも、自分が変わっちゃった」。つまり、以前のようには痛みを感じなくなったのです。

痛くなくなったわけではない。病そのものが回復しているわけではない以上、生理的な症状そのものも減っていない。けれどもその「意味」が変わってきた。「鈍感になった」とチョンさんは言います。

きっかけの一つは、人前でしゃべる機会を得たことだと言います。学校などで、病気の経験について講演するようになったのです。そうしたことをするうちに、痛みが以前ほど気にならなくなったのです。

興味深いのは、痛みの感じ方を変えたのは、講演によって「分かってもらう」経験をしたことではない、ということです。先に書いたとおり、そもそも痛みはきわめて個人的な経験です。ある人の痛みを、他の誰かがまったく同じように味わうことはできない。

「痛みは孤独感がある」とチョンさんは言います。「痛みってすごく孤独感があるんですよね。だんだん『どうせおまえにはこの痛み分かんないんだよ』という感じになってくるんですよね。自分だけが、この痛みを抱えている、と」。「分かってほしい」という思いがあればあるほど、「分からない」を突きつけられ、本人もまわりもいっそう苦しむことになります。

チョンさんの痛みの感じ方が変わった背景にあったのは、逆説的にも、「すでに痛みは分有されていた」という気づきでした。

講演をきっかけに自分や自分の置かれた環境のことを振り返るうちに、痛みをかかえているのはチョンさん本人だけではなかった、ということに気づいたのです。

家族に目を向けてみると、子供がものを盗むのをやめられなかったり、十分に甘えられていなかったりする状況がある。これは、すでに彼らなりに痛みを感じ、それに対処しようとしていることの表れではないのか。

「だんだん、子供の盗癖が出たりして、ぼくだけが痛みを抱えているんじゃないということに気づいたんです。家族の中で、何か変化があったことで、みんなそれぞれ痛みを抱えながら、小さいながらも自分なりに進もうとしているのをまざまざと感じさせられたら、なんだろう、この『自分だけ』みたいなやつは、と気づいたんです」。

「私の痛み」から「私たちの痛み」へ。注意すべきなのは、これが「共有」ではなく「分有」だということでしょう。家族は決して、チョンさんの痛みを自分のこととして理解したわけではない。あくまでチョンさんの病気との関連で自分に起こった痛みを、それぞれが生きている。「Our pain」ではなく「one's pain」が相互に結びついて「Our」を形成している状態。家族に起こった病という出来事を、一人一人が、個々の仕方で分有しています。痛みが自分のものでしかありえないということを認めつつ、同時に「自分の」という人称から解放された視点に痛みという出来事を置き直すこと。この分有の発想は、在日朝鮮人というコミュニティと関わりながら生きてきたチョンさんならではのものでしょう。私が私の体を引き受けることができるのは、それがコミュニティの連鎖の中にあるからである。言葉にすると矛盾しているようですが、こうした感覚を病気に関しても持てたことが、チョンさんの痛みに対する鈍感さをもたらしたと考えられます。

「献身」でも「突っぱね」でもなかった家族

このような認識の変化が起こったのも、家族の良い関わりがあったからだ、とチョンさんは言います。その「良さ」とは、過度に献身的ではなかったこと。

チョンさんが夜中に「足を切ってくれ」と暴れても、奥さんは大した言葉を返してくれませんでした。「大丈夫？　そんなに痛いの？」と声をかけることもないし、熱心にマッサージする感じでもなかったと言います。

でも、かといって突っぱねているわけでもなかった。奥さんは、チョンさんが子供に当たるとたしなめることはあっても、病気のことでチョンさんを責めたり、説教することはなかったそうです。

家族がそのような「献身」でも「突っぱね」でもない関わりをしていたために、チョンさんは「自分に問われる」感じがあったといいます。「自分が言った言葉が自分に跳ね返ってくるんですね。『そうは言ってるけど向こうは向こうできっと辛いことがあるはずだ、何なんだろう自分は』って、どんどん返ってくる」。

チョンさんの爆発に対して家族が同じ力で返していたら、チョンさんは「自分の」痛みに囚われてしまっていたことでしょう。けれども家族がどこか他人事で「暖簾《のれん》に腕押し」の反応であったために、チョンさんは自分と対話することになった。「自分に問われる、真剣に体と向き合える、という状況がありました」。

「体と向き合う」とは、要するに、過去の体を生きるのではなく、今の体を生きるということを意味します。「僕自身が、前の状態に戻ろうとするところを、家族が『いやそれは無理でしょ』って諦めてたんですよね。がんばって社会復帰するような応援モードではなくて、今の体を受け入れろという感じでした」。

諦めることによって救われること。チョンさんは、病気になった直後に奥さんが言ったある言葉が、いい意味での「縛り」になっていたと振り返ります。それは「病気になってよかったね」。なかなか言える言葉ではありませんが、それはチョンさんのそれまでの経験を踏まえての一言でした。

チョンさんは在日朝鮮人三世として苦労してきた経験から、もともと障害や差別の問題と関わりながらいろいろな活動をしていました。それがあるから、奥さんは「よかったね」と言った。チョンさんはそう理解します。「このぐらいやっとけよ、ということなんだよ。箔がついてよかったね」と。

そう言われて、チョンさんは「悩みも全部ふっ飛ぶ感じがした」と言います。「これに何の意味があるのか考えろ、ということなのかな、と。僕はもとに戻ることを考えていたけれど、家族は『もう治らない、無理だからやめろ』という感じだったんです」。

痺れてるのに、さらに痺れる（笑）

こうした「諦めの後押し」を得て、チョンさんは自分の体を取り戻していきます。「できないことを考えてふさぎこむんじゃなくて、今できることは何なんだろうと考えたら、いろいろ物事が動き出して、外にも出られるようになりました」。

私がチョンさんと出会ったのも、まさに「外で」行われたイベントの席でした。私が講師として参加していた「こまば当事者カレッジ」に、チョンさんも当事者として参加していたのです。チョンさんは、発病する前から、差別の問題を考えるなかで、浦河べてるの家の向谷地生良さんの当事者研究の考えに親近感を持っていたと言います。

当事者研究というと本来は似たような障害や苦労を抱えた人どうしで行われることが多かったものですが、この「こまば当事者カレッジ」では、さまざまなタイプの障害を持った人が一同に会していました。チョンさんはそのほうが居心地がいい、と言います。以前、患者の集まりに参加したことはあるけれど、うまく気持ちを話せなかったのだそうです。

「妻がよく講演で言うんですが、『難病の家族』じゃなくて『私』でありたいんですよね。最初に『病気』がくることに違和感があって、まず『私』があり、それが病気を抱えているという関わりがしたい。在日朝鮮人であるということも関わっていて、悩んでいることが病気でなかったりもするんですよ。そうすると患者会でなく、全然違う場所、たとえばこの前の『こまば当事者カレッジ』のようないろいろな人がいる場のほうが良かったりします」。

一人の人のなかで悩みの原因は複雑に絡みあっています。だから、「○○の当事者」というふうに固定することはできない。病や障害の肩書きを持つことが当事者ではありません。「ニーズを持ったとき、人はだれでも当事者になる」★3のです。

プロローグで書いたように、体もそうです。特定の病気や障害だけがその人の体の感じ方や使い方を作るのではない。そこに出自や趣味、仕事、生きてきた社会的な環境があいまって、その人の体の感じ方や使い方が作られます。同じ病気や障害であっても、ローカル・ルールは人それぞれです。

さて、痛みの感じ方が変わったことで、チョンさんは、何とさらなる痛みも感じられるようになったと言います。二種類の痺れを同時に感じる「痺れの二段構え」が起こるのだそう。「痺れているんだけど、長く座っているとさらに別の痺れが生じて、痺れの二段構えになるんです。痺れてるのに、さらに痺れる（笑）」。

痛みとは分有されるものだ、というメカニズムに気づくことで、チョンさんの自分の体に起こる出来事の捉え方は明らかに変わっています。よい意味で他人事になっているのです。「ぼくの体面白いでしょって言えるようになった。そんな感じに今はなれています」。「これは自分ではない」と否認する関係から、自分の体に起こることを「他人事のように面白がる」関係へ。言葉にすると非常に似ていますが、本人の感覚としては真逆な地点に、チョンさんは八年かけて到達しました。冒頭で書いたチョンさんの楽観性は、まさにここから由来していると考えられます。

ただし、こうした痛みに対する鈍感さは、体を騙すことになってはいけないとチョンさんは言います。我慢をするのではなく、辛いときは潔く寝込む。それができる環境が確保されていることが大切です。チョンさんが親しんでいた向谷地生良さんの言葉を借りるなら「安心して絶望できる」ことが重要ということでしょう。

★1　橋本一径「人間はいつから病気になったのか——こころとからだの思想史」『Cancer Board Square』医学書院、二〇一七年、三巻、一五四頁
★2　前掲論文
★3　中西正司、上野千鶴子『当事者主権』岩波新書、二〇〇三年、二頁

吃音のフラッシュバック

EPISODE 10

落語のようなしゃべり

柳川太希さんは、落語のような心地よい節回しで話される方。聞いていると、ゆったりたゆたうようなリズムに、自然と引き込まれてしまいます。ひとつひとつの節回しが、こちらがちゃんと話についていきているかどうかを、確認しているかのようです。

「それはすごく考えている」と柳川さんは言います。「相互作用じゃないですけれども、会話のキャッチボールが常にうまくいっているような状況であるほうが、私自身もリラックスして話せるし、おそらくそういうところなんじゃないかなっていうふうに思いますね」。

柳川さんは吃音の当事者です。だからこそ、自分がどのようにしゃべったらうまくしゃべれるか、苦しさがないか、ということに自覚的です。大学院生になった今では日常会話にほとんど困らないほどスムーズにしゃべれていますが、数年前まではそうでなかったそう。物心ついたときから吃音があり、自分の吃音について人と話すときに話題にすることもできませんでした。

今では自分なりの「しゃべるシステム」を獲得し、自分は吃音なんだと人に話すことさえできるようになった柳川さん。ここ数年の変化は非常に大きなものです。むしろ「しゃべり上手」という印象すら受けます。

ところが、他の吃音の当事者と関わることには抵抗がある。どうしても怖さを感じてしまうからです。「関わる」というより「見る」ことすら不安を感じる。なぜならフラッシュバックが起こるかもしれないから、と柳川さんは言います。「人の吃音の姿を見るというのが、いまだにちょっと〔抵抗が〕あります。やっと去年今年くらいから、自分自身の吃音に対することには、メンタル面ではひと段落ついたかなと思っているんですけれども、じゃあ他の人のっていうときになると、見てて大丈夫かなという心配はありますね。昔の自分とかぶせてしまって、フラッシュバックが出てくるんじゃないかと」。

エピソード9のチョンさんは、自分の痛みが他者に分有されていたと気づくことによって、痛みの感じ方が変わっていきました。でも痛みを通じて他者とつながることは、その人の痛みを減らすのではなく、増やす方向に作用してしまうこともある。他者の痛みがトリガーとなり、自分の体まで痛くなってしまう。まるで、痛みが伝染したかのようです。

他者の体によって、自分の身体的記憶が引き出されてしまう。柳川さんの不安が医学的な意味でのフラッシュバックであるかどうかは診断が必要ですが、痛みの経験をもつ人たちのあいだで、望まない記憶が引き出されてしまう怖さは、しばしば語られることです。

それは単に「こういうことがあった」と出来事を想起するのとは違って、過去の痛みを現在形でありありと感じることになります。現在にありながら過去へと引き戻され、体はその時制から抜け出せません。

この力に抵抗することは容易ではありません。だからこそ、柳川さんは「心配」なのです。記憶は思い出せばいいというわけではなく、なるべく思い出さないようにする工夫が必要な場合もあります。

見るのが怖い

こうした傾向は、柳川さんにかぎらず、一定数の吃音の当事者に見られるものです。「どもる人を見るのが怖い」のです。

たとえば、二〇一八年の夏に『志乃ちゃんは自分の名前が言えない』（原作＝押見修造、監督＝湯浅弘章）という吃音をモチーフにした映画が公開されました。主人公は吃音のある女子高生、大島志乃。志乃は、高校入学後の自己紹介で自分の名前を言うことができず、さっそく高校生活につまずいてしまいます。その疎外された状態からどうやって仲間を作り、葛藤を経て、自分の道を歩み始めるか。海辺の町で繰り広げられる青春映画です。

この映画は、吃音当事者たちのあいだでも大きな話題になりました。ですが、その反応はいささか複雑。たとえばtwitter上での反応を見てみると、こんな投稿が並んでいました。

「あー志乃ちゃんもう公開してたんだ?見に行こうかな…怖いわー」

「共感しすぎて見たくないレベルw」

見るのが怖い。見たくない。映画の内容には興味があるけれど、実際に見に行くとなると抵抗がある。そんなアンビバレントな当事者らしきユーザーの声が、少なくともtwitter上では見られたのです。

中には鑑賞前に、意を決するように宣言する投稿もありました。

「はい、これから武蔵野館にて『志乃ちゃんは自分の名前が言えない』鑑賞でございます。正直、自分のトラウマをえぐられるようで怖いです。見るのを辞めようかとも思いました。昔ほど喋りに左右されなくなった自分ですが、これを見てかつての自分を振り返ろうと思います。では、行って参ります」。

確かに、自分がコンプレックスに感じていることや、苦しんでいることに触れて欲しくない、という気持ちは分かります。あるいは自分が当事者である問題が、作品の中でどのように描かれているのか不安である、という場合もあるでしょう。こうしたこと自体は、吃音以外の障害やコンプレックスに関しても、起こりうることです。

興味深いのは、「怖い」という表現が使われていることです。「不快」や「嫌悪」ではなく影響について、自分の身が脅かされるような恐怖を感じているのです。
「怖い」。つまり映画そのものというより、それを見ることによって自分に起こるかもしれない

一人称を揃える

柳川さんは、中学、高校のころは吃音が今より重く、吃音について触れることも、触れられることも、極度に嫌がっていました。たとえば親にも「しゃべらないで済む職業についたほうがいいんじゃないか」と言われて、強く反発していたそうです。

ですが、大学に入ってさまざまな工夫を試みた結果、吃音の状態が軽くなり、さらに卒論や大学のゼミで障害について扱ったことがきっかけで、距離が取れるようになりました。

柳川さんが大学時代に行った工夫はきわめて興味深いものばかりです。

たとえば、「一人称を揃える」。

柳川さんは、しゃべることに慣れるために、硬派な政治経済研究会から飲み会メインのサークルまで、いろいろな学生団体に顔を出していました。そうすると、どうしてもさまざまなキャラクターを使い分けることになる。結果として、「自分がちょっと安定していない、ふらついているなと自覚するときがあった」と言います。その不安定さが、吃音にもネガティブな影

響を与えていたと柳川さんは分析しています。

そこで柳川さんは、一人称を、「私」に統一することにします。それまで「ぼく」「オレ」「私」「自分」と使い分けていたのですが、「私は」「私が」と言うようにした。実際にはときどき「私」以外を使うこともあるのですが、起点はあくまで「私」に置き、そこから使い分けるという意識でいるようにしたのです。

というのも、一人称の使い分けこそ、キャラクターの使い分けの根源にあると考えたからです。「先輩とか先生と話しているときは吃音がでやすいなというのがあったので、自分自身をどう称するかによって自分のモードが大きく変わっちゃっているんだろうなというのを当時思ったっていうところがありますね。なのですべて『私』に変えてからは、そういうことはあまり起きなくなったかなというのはありますね」。

呼称によって自分のモードが変わる。ここには演技の要素が関係していると考えられます。すでに拙著『どもる体』(医学書院)で書いたことですが、吃音と演技は深い関係があります。私たちは日々の生活のなかで、上司、同僚、父親、などさまざまなキャラクターを演じ分けています。多くの当事者が口にするのは、演じるキャラクターによっては吃音が出にくくなる、ということです。

たとえば、学会発表など人前で話すとき。吃音でない人からすると意外な感じがしますが、むしろ吃音が出にくいという当事者が一定数います。人前でしゃべるときは、「賢そうなキャラクター」や「先生っぽいキャラクター」になりきっているからです。心理的に緊張することと吃音が出ることは、必ずしも関係がありません。

柳川さんの「私」は、丁寧で落ち着いた大人のキャラクター、ということでしょうか。そのキャラクターが柳川さんにとってはしゃべりやすく、だからこそそのモードに入るために「私」という一人称を起点にしようとしたと考えられます。

振り子モデル

ベースを安定させよう、という姿勢は、柳川さんの他の工夫にも見られます。

たとえば、体への意識。柳川さんは、友達に「なんでそんなに運動してるの？」と言われるくらい、頻繁に走ったり泳いだりしているそうです。

インタビューをしたのは九月初めでしたが、夏休みでも二日に一回はランニングをしているそう。「三日走らないでいるとちょっとおかしくなってくる」。「『運動しろ』という声が聞こえてくる感じがある」と柳川さんは言います。

柳川さんにとって、吃音とつきあうには「身体が起点」です。だから、体の状態の変化には常に敏感でありたい。運動は、体の声を聞くための必須の手段だと言います。

「いろんな運動をして、自分の身体と向き合うなかで、対話しているのかなと思いますね。身体を起点として、この身体がどうしようとしているのか、どうなろうとしているのかを、常に聞き取れる状態でありたい、なんていうのが、自分がいまだに運動している理由につながってくるのかな、と思いますね」。

では何のために「体の声を聞き取れる状態」が必要なのか。まずそれは、起点となる身体を安定した状態に保つためです。けれどもこの安定は、状態をいつも同じに保つ、という意味ではありません。

「むかしから心の面がだいぶ揺れ動いてしまっているという状態がずっと続いていたんで、気持ちを一つのところに据えるというのは、たぶん得意ではないと思うんですね。それに対して無意識的にがんばろうとしたのは、身体面を安定させるということだと思うんですね」。

つまり揺れてしまう不安的な心があるから、それに応対するものとして、体の安定を構築しようとしているのです。安定は、不安定を否定し、変化を固定するためのものではない。変化はどうしようもなく起こっていくのであり、むしろそのことを許すために、安定を構築していく。

こうしたスタンスは、実は柳川さんの吃音へのアプローチに一貫してみられる興味深い特徴です。先の一人称の使い方に関してもそう。まず「私」を安定させる。そして、そこを起点として、「ぼく」「オレ」「自分」などそのほかの人称を使うのだと語っていました。

柳川さんのこのアプローチを象徴するのが「振り子」のイメージです。それは言い換えれば、「二つの極を作る」ということ。インタビューの中で、柳川さんは何度か振り子の比喩を使って自分の状態について語ってくれました。振り子のモデルで捉えることによって、吃音と付き合うことが可能になっているのです。

それまで、どもってしまうことに対して柳川さんは過剰に敏感になっていました。吃音に対していろいろ考えてしまう。しかし敏感になればなるほど、どもりがひどくなってしまいます。そこで何とか、不安になる心の動きそのものをコントロールしようとしていた。けれども、どうやってもそれ自体は消すことはできませんでした。

そんななか、大学二年生のときに、司馬遼太郎の『坂の上の雲』を読んだことがきっかけで、不安になる心の動きそのものを消すのではない方法を思いつきます。それが、「もう一方の極を作る」ということ。つまり、もう一つ、安定した鈍感な極を作るのです。

安定した鈍感な極を作れれば、まさに振り子のように、いったんは不安定な極に振れたとしても、いずれそれ自体の力によって安定した鈍感な極に戻ってくるのを待つことができます。つまり、不安定さを抑えつけるのではなく、反対の極を持つことによって、それ自体の変化に任せることができるようになったのです。

「いい意味でも悪い意味でも振り幅を大きくすれば何とかなるだろう、というふうには考えましたね」。確かに「やっぱりある瞬間に手が離れて振り子が逆までいっちゃう瞬間がある」。でも、「私」という人称や、運動によって確保された安定性があれば、いずれ戻ってくる、と楽観的に待つことができます。振り子というモデルに従っているのだと思えれば、ネガティブな状況に過剰に介入して、かえって吃音を悪化させてしまうという悪循環にも陥らずに済みます。

ちなみに、『坂の上の雲』との関連は、作品に登場する秋山兄弟の性格の違いに由来するのだそうです。兄の好古は「人生単純明快であれ」とシンプルな発想を好む人間。一方で弟の真之は繊細で文学的なセンスを持っていて、自分の立案した作戦でロシア兵が大量に死んだことを悔やんでいる。「敏感すぎるからうまくいかないこともあるんだ、反対のものっていうのを作ることによって、うまくいくんじゃないかなと考え始めた」のだそうです。

花がしゃべってくれる

他にも、工夫とは違いますが、柳川さんの吃音との関わりを語るうえで欠かせないエピソードがあります。それは、「いけばな」です。

柳川さんがいけばなに出会ったのは大学生時代のこと。自分で花を生けるほか、大学院での研究テーマにもしています。

吃音といけばな。まったく関係がないように思えますが、まさにいけばなを始めるきっかけに、吃音がありました。

大学に入学したばかりの頃、新しいことをやってみたいなという漠然とした気持ちがあったときに、叔母の家に遊びにいく機会がありました。それまで知らなかったそうですが、この叔母さんが、いけばなの先生をやっていたのです。それでいろいろ話をしているうちに、柳川さんをいけばなに引き込む一言を叔母さんが発します。曰く、いけばなをしていると、「花がしゃべってくれる」のだと。

まだかなり吃音が重かった時期だったので、その言葉は「ずいぶん響いた」と柳川さんは言います。しゃべれない自分の代わりに花がしゃべってくれる。言葉以外にも伝える方法がある。そのことに救いを感じたのです。

実際にいけばなをやってみると、たしかに「花がしゃべってくれる感じ」は「毎回感じる」と言います。生けた花がその人のその日の体調や気分を映し出すのです。花を見ればその人が疲れているのか、それとも案外元気かということが分かる。柳川さんは、研究対象にしている勅使河原蒼風の言葉を引きます。「花はいけたら、花ではなくなるのだ。いけたら、花は、人になるのだ」。柳川さんによれば、「花が、その人自体を反映している、投影されている」ということなのだそうです。

フラッシュバックの恐怖

さて、こんなふうに柳川さんは、少なくともここ数年は、さまざまな工夫や分析によって、自身の吃音に対してかなり距離が取れているように見えます。

けれども、冒頭で書いたように、それでもやはり、他の吃音当事者がどもるところを見るのはちょっと怖い。吃音との付き合い方を考えるうえでも、まさにそのやり方はオリジナルで、基本的にひとりで取り組んでいます。他の当事者に相談したりはしていません。

誤解のないように断っておくと、吃音当事者のなかには、自助グループなどの活動を積極的に行い、他の当事者といっしょに吃音との関わり方を考えていこうとしている人もたくさんいます。そうした「ともに考える」連帯のアプローチは国内でも半世紀以上の歴史があり、大きな成果をあげています。それ自体を否定するつもりはありません。

しかし一方で、柳川さんのように、他の当事者とは関わらずに、吃音については一人で考えたい、研究したい、という人もいる。冒頭で引用した映画『志乃ちゃんは自分の名前が言えない』に対するtwitter上の反応は、そうした人が一定数いることを表していました。他の人のどもる姿を見ることに対する恐怖は克服されるべきだ、という考えもありえるでしょうが、ここではかなりの数の当事者が感じているこの恐怖に寄り添ってみたいと思います。

どもる人に出会ったらフラッシュバックが起こるかもしれない、という柳川さんの心配は、実際の経験にもとづいています。つまり、柳川さんはフラッシュバックのような経験をしたことがあるのです。ただしそれは、他の人のどもる姿を見たからではなく、自分がかつてどもってしまったのと似た状況に置かれることがきっかけになっています。

たとえば中学生のとき。クラスのみんなの前に立って話していて、保育園のときの記憶がパッと蘇ったといいます。保育園のときも、同じようにみんなの前に立って話す機会があり、しゃべれなくなってしまったのです。「発作みたいな感じで動悸が激しくなったりして」。似た状況に置かれることで、過去に感じたような危機的な感覚が再生されてしまうのです。

同じようなことが、吃音の人に会ったときにも起こるのではないかと柳川さんは推測します。「大丈夫だとは思うんですが、客観的に見る力、一定の距離を置いて見る力っていうのが今の自分にあるかどうかが分からないので、そこに対する心配っていうのはちょっとあります」。

引き込み現象

柳川さんの説明によれば、フラッシュバックが起こるかどうかは、他の人の吃音を客観的に見られるかどうかにかかっています。裏を返せば、吃音というものは、他人の身に起こっているものであったとしても、まるで主観的な経験として、自分の身に起こっているかのように感じてしまうものである、ということを意味します。現時点ではかなり症状が軽くなり、心理的には吃音と距離がとれているように見える柳川さんであってもそうなのです。

要するに、どもる体を見る不安とは、それにつられて自分も再びひどくどもり始めるかもしれない、という不安なのです。これは、冒頭でも指摘したとおり「かつて○○ということがあった」というような単純な出来事の記憶の再生とは異なります。工夫によって言葉が出やすいしゃべり方を獲得したけれども、他のどもる体を目にすることによって、一瞬にして時間が巻き戻り、制御の効かないかつてのどもる体になってしまうかもしれない。そこには、二つの体の物理的な境界を超えた、運動の引き込みのようなものがあります。

もちろん、実際にどもる体に対面したときに、こうした引き込みが本当に起こり、自分もどもり始めるかどうかは分かりません。しかし少なくとも予感としては、多くの吃音当事者が、他の人のどもりを見ることによって、自分のしゃべるペースが乱されるのではないかと感じている。

その背後にあるのは、おそらく吃音当事者ならではの、吃音に対する感度の高さのようなものがあるでしょう。吃音でない人なら、どもる人を見ても「言葉が出にくいんだな」くらいにしか思わないかもしれない。しかし吃音当事者がそれを見ると、その人の体の内部で起こっている苦労や工夫が、かなり細かく想像できてしまいます。つまり「分かりすぎて」しまうのです。否応無く発動するこの想像を通じて、自分のなかの「体がどもっている状態」が思い起こされてしまう。これが恐怖の実態だと考えられます。

吃音にかぎらず、こうしたことはよく見られる現象かもしれません。たとえば空手の経験者は、そうでない人に比べて、他の人の演武を見ただけで呼吸のリズムや力の抜き具合が分かるものです。経験の蓄積が他者の運動を理解する土台となり、一人称で経験される。心理的な距離と身体的な距離は明確に分けられるものではありませんが、こうしたことが、心理的な距離を超えて吃音の引き込みが起こりそうだと感じられる、身体的な基盤であると言えます。

しゃべるシステムのもろさ

加えて、どもる人を見るだけで引き込まれてしまうかもしれない、という不安の背後には、しゃべるシステムとは非常にもろいものである、という吃音当事者の実感があると考えられます。

たとえば、いったん自転車に乗れるようになった人は、補助輪をつけないと乗れない子供を見たからといって、自分が乗れなくなることはありません。それくらい、自転車に乗るシステムは安定しています。

けれども、吃音の場合はそうではない。工夫によって身につけた「体から声を発する仕組み」は、ちょっとしたことで狂わされ、破壊されてしまいかねない微妙なものです。しかもその仕組みは、いったん失われてしまったら、再び取り戻すことは必ずしも容易ではありません。このもろさの実感が、どもる人を見ることに対する不安につながっていると考えられます。

たとえば、わたなべあやさんは、難発で緊張しがちな体に声を出させる感覚を、「果汁たっぷりのゼリーの蓋を汁がこぼれないように、そーっと開ける感じ」と表現します。そーっと開けないと、力が入ってゼリー＝吃音が固まってしまい、言葉が出なくなってしまう。ゼリーとはまさにもろさの象徴でしょう。わたなべさんは絵本作家ですが、線を描くときには息を止めたりして体に力が入りがちなので、制作期間は言葉が出なくなりがちだと言います。

別の言い方をすれば、このもろさは、意識的に介入し制御することの難しさからくる感覚とも言えます。体から言葉を出す仕組みそのものは無意識的なものであり、発声運動を意識的に調整することはできません。それどころか、自分のしゃべるシステムに何らかの方法で意識的に介入しようとすると、かえってそれを混乱させてしまいかねない。打者がバッティングフォームを変えるときのようなものです。

たとえばSadakitiさんは、今のしゃべり方をやめて、以前のようなしゃべり方に戻したいと考えています。今のSadakitiさんは、「えーっと」などのフィラーをたくさんつけて、勢いで早く言葉を出すマシンガントークタイプ。しかし最近は、そのしゃべり方をやめて、小学校高学年のころにやっていた、朴訥としたしゃべり方に戻したいとも考えています。

けれどもそこには、自分のしゃべり方そのものを失うリスクがあります。「言葉が出なくなる恐怖が消えていないのかもしれない」。しゃべり方を変えようと思っても、意識的な介入が破壊的な結果をもたらすかもしれないという恐怖がつきまといます。

自分を超えるものとしての記憶

柳川さんが自分の状態を振り子モデルでとらえることも、このことと関係しています。先に指摘したとおり、柳川さんのアプローチは、不安定さに介入してそれを消すのではなく、振り子それ自体の運動に任せて、安定した状態に戻るのを待つというやり方でした。

それはいわば、しゃべるシステムのもろさを認め、許すことでもあったと言えます。「手放す」ことによってつきあってきた。だからこそ、他者の体に引き込まれて体の時間が巻き戻ってしまったら、それは本当に手の届かないところに体が行ってしまうことになるかもしれない。

改めて実感するのは、記憶が決定的に自分を超えたものである、ということです。そもそもその記憶が想起されるかどうかは本人にはコントロールできない働きですが、それが引き起こす効果も、場合によっては、立ち直るのが非常に困難になるほどに、私をゆるがすものになり得ます。

プロローグで書いたように、たしかに「ローカル・ルール」という意味では、過去の経験がその人ならではの体のあり方を決めています。けれども、過去との切断によって、ぎりぎり成立している体もある。「関係しない」という関係の仕方、とでも言えばいいでしょうか。私の外部に置いておくことができるかぎりで、現在が成立可能になる記憶というものもあり得ます。柳川さんの例は、そのような記憶と体の緊張関係を示しています。

私を楽しみ直す

EPISODE 11

言葉にならない違和感

大城勝史さんは、若年性アルツハイマー型認知症の当事者です。自動車会社の営業マンとして勤めていた四〇歳のとき、若年性アルツハイマー病と診断されました。今も、同じ会社に洗車担当として勤務しています。インタビューしたときには、診断から五年が経っていました。診断されたのは四〇歳のときですが、違和感は三〇代からあったと言います。たとえば、今日が何年何月何日何曜日か、分からなくなってしまう。それで誰かに日付を聞いたり、カレンダーを確認したりすることが増えていきました。

そういう話をすると、まわりからは「ああ、分からんことあるよ、そんなのあるよ」と言われたと言います。確かに、誰だって日付が分からなくことはあります。スケジュールとなれば、手帳やスマホにお任せという人がほとんどでしょう。

けれども、大城さんの忘れ方は、誰にでもある物忘れとはちょっと違っていたと言います。日付が分かると、「ああ、そっか」と思うこともあれば、実感が湧かないこともあったのです。

つまり、正しい日付を言われても、納得感がないのです。「これって何とも言えない感情で。『あれ、今七月だったっけ？　ふうん』と思いながら、違和感あるけれど、でもそれ以上自分自身も理解できなかったです。でも誰でもあるだろう、と思いながら、気にしないようにしていたんですよね」。

日付に加えて、方向が分からないことも増えてきました。仕事で故障した車を取りに行かなければならないとき、知っているはずの道が分からなくなっている。『あれ、これってこんなに分かりにくかったかな、でも街中で入り組んでいるからど忘れしたのかな』と思っていました」。

確かに、道に迷うことも誰だってあります。だからまわりの人に話すと、やはり「あるよあるよ」と言われてしまう。一般的な方向音痴とはどこか違うという違和感を抱えながら、そのもやもやを説明できずにいました。

「みんなが言っているのとは何か違うんだけどな、と思いながらも、言葉でうまく言えなくて。そういうのが最初の頃からけっこうありましたね。でも病気とつなげることはなくて、ちょっと人より苦手になったのかな、ぐらいに納得するしかなかったです」。

こんなふうに、三〇代の大城さんはさまざまな場面で違和感を感じることが増えていました。明らかに、記憶力の働きがおかしくなっている。けれども誰にでもあることだと言われてしまい、自分でもそう納得するしかありません。

アルツハイマー病というと高齢者がかかる病気と思われがちです。多くの人がそうであるように、当時の大城さんも、三〇代の自分とアルツハイマー病という脳の病気を結びつける発想がなかったのです。

そのときの大城さんは、ストレスのせいで仕事の効率が下がっているのだと考えていました。自分のできなさを責め、失敗をごまかすしかなく、びくびくしながら仕事をしていたと言います。

「ストレスだと思って自分を責めていたときのほうがきつかったですね。営業もやっていたので、今思えば、よくごまかしながらやっていたなという感じですよね。だんだんうまくいかなくなって、仕事が怖くなったけど、それまでよくもったなと思いますね」。

たとえば職場でお客さんと応対するとき。ちょっと席をはずすと、その間にどのお客さんだったか分からなくなってしまいます。だから、帽子をかぶっているとか、メガネをかけているとか、意識的に覚えるようにしなければならない。でもそれでも分からなくなることがあり、最終的にはケータイなど自分の持ち物をお客さんの前に置いて、席を離れるようにしていたといいます。

あるいは同僚でも、「〇〇さんが呼んでる」と言われても、それが誰だか分からないことがあった。そういうときは、わざと遠くから「〇〇さんいますか」と声をかけて、相手が反応してくれるのを待ったり、本人に当たらないようにびくびくしながら「〇〇さん見なかった？」

と人に聞いたりしていました。

つまり、診断前の大城さんは、生活のさまざまな場面で、それと分からないように細かい工夫をたくさんしていたのです。「分からないとは言えなかったですね。(…)気苦労がたくさんありましたね」。

オートマ制御の機能不全

四〇歳で病気が分かって、職場での失敗を隠さなければいけないという気苦労は減ったという大城さん。沖縄県で初めて、若年性認知症であることを公表します。とまどう気持ちにも丁寧に向きあいながら、本の執筆や講演など、コーディネーターの支援を受けながら前向きに活動をされています。

私が大城さんにインタビューしたのも、県内で行われた講演の前後でした。非常に疲れやすい状態にありながら、車の中や喫茶店で熱心に質問に答えてくれる大城さん。その体の状態を聞き出すなかで、繰り返し発せられた言葉がありました。

それは「なぜかは分からない」という言葉。

自分の体がすることが、大城さん本人にとっても意外だったり、あるいは何が原因でできないのかがよく分からなかったりすると言うのです。

たとえばドアを開けるとき。大城さんは、ドアノブをつかもうとして、ドアに突っ込んでしまうことがあると言います。手を伸ばす位置は合っているのに、勢いが強すぎて、手がドアに激突してしまうのです。

思わず、沖縄で「痛い」を意味する「アガっ！」と叫んでしまう。それは「冗談みたいなこと」だと大城さんは言います。「私自身びっくりしたから。ふつうにスッと開けるイメージでやったつもりがぶつけてしまって」。

自分の体がしたことに対して驚き、「なぜそうなるかが分からない」と途方に暮れる。それはつまり、「当たり前」が失われる感覚です。さまざまな場面において、当たり前にできていたことができなくなる。これが大城さんに起こっている変化です。

ドアを開けるという行為は、いったん慣れてしまえば、とくに考えなくてもできることです。ドアの位置を確認して、そこから逆算して手を伸ばすスピードを決めて……といった細かい制御をいちいちやっているわけではない。それは意識せずともできる「オートマ制御」です。生まれつきできたわけではありませんが、経験の蓄積によって、制御が自動化しています。

ところが大城さんは、認知症によってこのオートマ制御の仕組みが失われている。経験の蓄積がうまく機能しなくなっています。当たり前ができなくなるから、できなくなったときに、なぜそうなってしまうのかが説明できない。それは「どうやって歩いているんですか」と質問されて、多くの人が説明できないのと同じです。

大城さんは言います。「それまで無意識にやっていたことが『あれ?』って引っかかるんですよね。ドアノブなんてふつう意識しないじゃないですか。開けよう、距離感大丈夫だから手を伸ばす、なんていうふうには考えないですよね。そのままスッといくものです。でもそこでひっかかってしまって、『何で?』って。(…)『あれ、なんだったんだ今のは?』『何で?』という違和感に近い感じですね。説明のしようがないですね。言葉で説明できないですよね」。

三〇代のときに感じていた違和感も、まさにこの「当たり前」が失われている感覚です。考えずにやっていたから説明できない。意識と体の関係が、それまでとは変化したことを意味しています。

勘を忘れる

オートマ制御の機能不全は、ドアを開けるとき以外にも、さまざまな場面で起こります。

たとえば、会社の朝礼で、いっせいに社訓を唱和するとき。「よく見てよく聞きよく話すの実行」といった決められた言葉を全員で唱えるのですが、タイミングを合わせようとすると、どうしても大城さんだけワンテンポ遅れてしまうと言います。

大城さんは社訓の文言自体は覚えています。だから言うべき言葉は頭に浮かんでいる。にもかかわらず、合わせようとするとみんなから遅れてしまう。「誰かが最初に言って、呼吸で合わせる。私も合わせるのは分かります。無意識っちゃ無意識じゃないですか、こういうのって。『せーの』ではないけれども。みんなの速さにもついていけません」。

タイミングが合わないという症状は、他にもさまざまな場面で見られます。

たとえば、ゲームをするとき。野球やゴルフなど、テレビゲームがとても下手になった、と大城さんは言います。

「『あれ、オレこんなにゲーム下手だったかな』って。野球やったら空振りアウト、取ろうとしたらボールが取れない、ゴルフもスイング空振り。あ、おかしいなあ、と思ってゲームもしなくなりましたね。今までに無意識にできたこととか、ちょっとやれば勘を取り戻せていたようなことでも、できなくなっていったんです」。

なぜ、それまではタイミングが合っていたのか。タイミングを合わせるには、ボールがある地点まで来るのにかかる時間と、野球のバットやゴルフのクラブがその地点に到達するのにかかる時間を正確に予測することが必要だ、ということは分かります。

けれどもそれは、実際には無意識のレベルで行われている計算です。計算を可能にしているのは、私たちのこれまでの経験の蓄積ですが、その経験をどう使うか、というところを意識的に行うことは不可能。まさに大城さんが言うところの「勘」です。

通常であれば、いったん勘が失われても、しばらく試行錯誤していると戻って来るものです。つまり、マニュアルで試すうちに、ふたたびオートマ制御でできるようになるのです。けれども大城さんの場合は、そのような意味で、記憶が戻ることはありません。

「前はふつうにやっていたのに、下手くそになってる。ふつうはやっていたら勘を取り戻してだんだんできるようになるはずなんですが、いくらやっていてもうまくならない。それでつまらなくて、やめた、もういいや、ってなりました。次の休みに、よしもう一回やってみよう、とやってみるけどほんとに合わしきれないんです」。

テレビゲームだけでなく、実際の生活においても、タイミングが壁になることはしばしばあります。たとえばエスカレーターに乗るとき。そもそも段差が視覚的に捉えにくくなったことに加えて、タイミングが測りにくくなったせいで、「手すりにつかまらないと乗れない」と言います。

「それまでは体が自然にスッとできていて、そこまで意識して測ることなかったのに、できなくなって、自分でちゃんとタイミングとらないとエスカレーター乗れないんですよね。何だろうこれ、オレ運動不足なのかな、体のバランスが悪くなったのかなって思ったりして」。

確かに次々と出てくるエスカレーターのステップに合わせて足を出し、体重を預けていくことは、単純な動作ではありません。けれども多くの人が次第に慣れて、考えずにできるようになることです。ところが大城さんはそれが難しくなった。だからいちいち意識して乗らなければならないし、怖いのでなるべく使いたくない、と言います。

「記憶する体」にお任せできない大変さ

認知症というと、脳の病気なので、記憶していた情報を忘れてしまう、というイメージがあります。ところが大城さんと話していると、失われるのは情報としての記憶というより、あるいはそれにとどまらず、体の運動や感覚に関する記憶までをも含んでいることを実感します。

先の日付の分からなさもそうです。失われたのは「今日が何年何月何日何曜日か」という言葉で表現することが可能な情報だけでなく、それに対する実感の部分なのです。情報は人に訊いたりスマホで確認したりすることによって補うことができます。けれどもこの実感の部分は、あくまで主観的なものです。そうした方法によっては取り戻すことができません。

本書のタイトルは「記憶する体」ですが、まさに「記憶するものとしての体」を無条件に前提にすることができなくなるのが認知症です。記憶は、そのつど考えなくてもいい、オートマ制御の気楽さを私たちに与えてくれます。「体にお任せ」ができるのです。ところが、認知症の場合は、「体にお任せ」ができません。常に考えながら行為しなければならないのです。

大城さんは、その大変さを「エコモードがない」と表現します。「とっても今疲れやすいですね。(…)何でこんなに疲れやすいのかなあ、と思ったら、いろんなこと意識しないとできないからなんでしょうね」。「エコモードがなくてつねに全力モードだから、そりゃ疲れますよね。ずっと、人が歩いてもいいところを、私はずっと走っていなくちゃいけない」。

大城さんでない別の認知症当事者の例ですが、その方は、ボタンを押すにも「指に命令を出さなくてはならない」とこぼしていました。エレベータに乗るにしても、「自分はいま三階に行くのだから、『3』とかかれたボタンを押すのだ」と指に教えてあげなければならない。そうやって意識していないと、何をしているのか分からなくなってしまうと言います。行為を細かく分割して、ひとつひとつのステップを意識しなければならない。まさに全力モードです。

だから非常に疲れやすい。大城さんも、職場では、定期的に仮眠をとって体を休める必要があると言います。必ずしもすべての当事者にとって寝ることが休息につながるわけではありませんが、大城さんにとっては寝ることが一番。「職場では静かな場所で寝ることもできるので、いいですね。今の私に一番必要なのは、疲れたら眠るということなんですよね」。

ただし、疲れるのは、仕事をしているときだけではありません。楽しいことをしていても、動作のひとつひとつにおいてエコモードを使えないので、ぐったり疲れてきてしまうのです。

「ふだんお家でひとりでぼーっとしているときでも疲れるから、ほんとに難儀というか、やっかいな頭だなあ、と思いますね。これが仕事とか、家族と楽しく外出しても、途中で帰りたいってなりますね。仕事だけじゃなく、どんなことでも頭フル回転ですね」。

状況の復元

大城さんと一緒に行動していると、まさに「頭をフル回転」しているのが見えるときがあります。

インタビューの日は講演に同行していたのですが、書類に名前を書くように求められて、不意にペンを持った手が止まったのでした。「大城」まで書いて、ほんの一瞬ですが、迷うような動作が見えたのです。

「書類に名前書きながら一瞬、『あれ、俺いま名前書いてるんだよな？』って思ったんですね。『大城』って書いて『ん？』ってなって、『そっか名前書いているんだよな、サインお願いされてるんだよな』って考えました」。

つまり、そのときの大城さんは、名前を忘れたわけではなく、自分の行為の状況が分からなくなってしまったのです。考え事をしていて何をすべきか忘れてしまった、というのではない。行為しているさなかに、何をしているのかが分からなくなってしまうのです。「当たり前」が分からなくなるエアポケットのような時間は、こんなふうに不意に訪れます。

そんなとき、大城さんは、手がかりとなる情報を集めて状況を理解しようとします。手元の書類に「大城」という文字が読める。ということは自分は名前を書いている。ということはサインをお願いされているんだな。まさに頭のフル回転です。

頭をフル回転させるのは大変ですが、とはいえ状況の手がかりはたいてい自分の周りに残っています。パニックにならずに冷静に情報を集めれば、自分が置かれた状況を復元することができる。

それは、いわば謎と化した自分自身を取り戻す探偵のような作業です。しかも、そのときに手がかりとなるのは、自分が環境の中に残したさまざまな痕跡です。自分が残した手がかりをもとに自分を取り戻す。それが、大城さんにとっては日常なのです。

客観と実感のギャップをうめるストーリー

自分が残した手がかりをもとに自分を取り戻す際、先に言及したケースでは、書きかけの書類のような、たまたまそこに残っているものが手がかりになっていました。意識的に手がかりを残す工夫、つまり「記録」も心がけているのです。

それが「メモリーノート」です。小さなノートを首からさげておいて、どこに行くのか、何があったか、こまめに書き込んでいくのです。これがあれば、出かけるときに困りませんし、帰ってきたあとも、出来事の記録が残ることになります。大城さんの著作『認知症の私は「記憶より記録」』（沖縄タイムス社）にその詳細が記されています。

けれども、このメモリーノートを記憶の代替物と考えるとしたら、それはちょっと違います。これから行う予定などに関しては、確かに記録は記憶の代替物となり得るでしょう。バスで降りる駅を忘れてしまったら、ノートを確認すれば大丈夫です。

一方、起こった出来事に関してはそうはいきません。起こったことに関しては、「記録が記憶の代わりをしてくれる」わけではないのです。

どういうことか。大城さんによれば、記録は「客観的な事実」に過ぎないからです。まさに日付をカレンダーで確認したときと同じで、メモリーノートに書かれた記録を読んでも、そのときの様子がありありと蘇るわけではないのです。記録は状況を復元するための手がかりにはなり得ても、記憶に必要な実感を与えてくれるわけではありません。

興味深いのはここからです。

大城さんは、出来事が客観的にしか感じられないことに、いつまでも固執したりはしません。出来事を思い出そうとムキになったりはしないのです。「客観」と「実感」のギャップをどうやって埋めるか。大城さんはそれを、とても創造的な仕方で埋めています。

大城さんは、ウェブ上に開設したブログに日記を書き込んでいます。その際、このメモリーノートの記録を手がかりにするのですが、そこで「きっとこうだったんだろうな」と想像しながら書くと言うのです。

つまり、記録を手がかりにして、実際にあったことを求めて記憶を遡るのではないのです。むしろ、想像力を使って「ありえたかもしれない出来事」のイメージを膨らませているのです。「自分でストーリーを作って自分でウケている感じですね（笑）。『悪気のない嘘』ではないけれど、このくらいだったらいいだろう、と思っています」。

どんなふうに想像するのか。大城さんは注射に行った日のことを例にして話してくれました。

「たとえば、今ノートに『注射の痕。可愛らしいテープが貼ってあって、妻と娘が大爆笑。疲れも少し吹き飛ぶ』って書いてあったとしても、私の中ではもう分からないんですね。注射も、何か検査をしたのか、栄養剤を打ったのか分からないんですけど、ブログに書くとしたら、『今日病院にいって、私は注射が本当に怖くて、どきどきしながら受けました。帰ってきたら可愛らしいテープを貼られたみたいで妻と娘に大爆笑されました。病院の先生は、これをわざと貼ったのか？』とか（笑）、ちょっと加えながら、自分でストーリーを作って書いたりしますね」。

まさに大城さんが、想像することを楽しんでいるということが分かるエピソードです。思い出すことに固執するかぎり、客観的な記録は喪失の象徴でしかありません。けれども、リアリティを感じることに重点を置くなら、それは出来事をもういちど体験しなおすきっかけになる。記憶がないことによって、かえって出来事を二度楽しめるようになっているのがすばらしい点です。

大城さんがこのようなアプローチになったのは、やはりブログという媒体に載せる文章を用意していたから、という要因が大きいでしょう。つまり、単に自分にとっての備忘録ではなく、読者に読んでもらう文章にする必要があったのです。自分のためだったらメモリーノートの記録だけで終わっていたかもしれませんが、読者の存在があったからこそ、「ストーリーを作る」という発想になったのです。

「ただ『妻と娘が大爆笑していました』だと何も伝わらない。どういう流れで、どういう感じで笑っているかとか、妻と娘がテープを指差している感じとか、想像するんですよね。思い出すときは思い出したものを書きますが、思い出さないことがほとんどなので」。

それは裏を返せば、記憶がないことによって、大城さんは必然的に読者の立場に立つことになった、ということでしょう。大城さんは、自分に起こったことでありながら、読者と同じ程度でしか、それを知ることができません。でも、だからこそ、それを楽しみ直すことができる。まさにコペルニクス的転回です。

この「読者としての立場」こそ、大城さんが、記憶が失われる体を前向きに生きることを可能にしているものでしょう。大城さんは言います。「私の中では、想像というか、イメージはいま増えていますね。(…) これ、どうやったら伝わるのかな、と一生懸命思い出そうとしたら、勝手にいろんなイメージが作られて、ああ、もうこれはこれでありかな、と」。

記憶は、蓄積という意味でも、喪失という意味でも、現在の体のあり方を大きく左右します。それは多くの場合、本人の手によってはどうしようもなく起こる変化です。そのどうしようもなさとどう付き合うか。大城さんのアプローチは、前向きなヒントを与えてくれているように思います。

エピローグ：身体の考古学

以前、吃音の当事者数名でおしゃべりしていたときに、こんな「究極の問い」の話になりました。

「もし目の前に、これを飲んだら吃音が治るという薬があったら飲む？」

もちろん実際には、吃音を治す薬など存在しません。幼児向けの支援プログラムや、当事者による自助グループの活動は存在しますが、そもそも吃音は原因すら特定されていない障害です。投薬や手術といった手段で医学的に治療する方法は、少なくとも現時点では存在しません。

ですが、もし、そんな魔法のような薬が存在したらどうか。副作用もなく、それを飲んだだけで、すぐに言葉が流暢に出てくるようになるとしたら……。

答えは、意外にも、そこにいた全員が「ＮＯ」でした。

これはいったいどういうことでしょうか。

一般に、障害はネガティブなことと考えられています。実際、彼らも吃音によって苦しめられています。子供のころに、吃音が理由でからかわれた人もいます。それがなかったらどんなにいいか。そう考えるほうが自然に思えます。

実際、彼らも言います。言葉がするすると出てくる感覚を、味わってみたい。吃音のことを意識せずに人と話すのがどんな感じか、体験してみたい。

にもかかわらず、それによって吃音が消えて無くなるのだとしたら、そのような薬はいらない、と言うのです。

ああ、彼らにとってはきっと「吃音者であること」がアイデンティティになっているのだ。吃音を肯定的に捉えていて、「どもることを含めて自分」という意識があるのだ。そんなふうに考えてみることも可能かもしれません。

でも私は、これに関してはもう少し丁寧な言い方ができるのではないか、と思っています。

重要なのは、吃音を含め何らかの障害を持った人間である、、、ということではないのではないか。そうではなく、そのような障害を抱えた体とともに生き、無数の工夫をつみかさね、その体を少しでも自分にとって居心地のいいものにしようと格闘してきた、その長い時間の蓄積こそ、その人の体を、唯一無二の代えのきかない体にしているのではないか。

つまり、〇〇であるという「属性」ではなく、その体とともに過ごした「時間」こそが、その人の身体的アイデンティティを作るのではないか。そう思うのです。

たとえば吃音のある人の多くは、どもりそうな言葉を直前で感じ取る鋭敏な感覚を持っています。あるいは、どもりそうな言葉を似た意味の別の言葉に即座に言い換えるとスムーズに言える、ということを知っています。

そのような人にとっては、言葉をあやつることの一部に「吃音」というファクターが組み込まれています。その人のしゃべるシステムは、長い時間をかけて、吃音とともに形成されていったものです。

あるいは、生まれつき耳が聞こえない人の中には、幼いころから手話で育ち、手話ならではの感じ方や情報の整理の仕方を発達させてきた人がいます。

そのような人は、健聴者が使う言葉では十分に自分の思いを伝えることができない、と言います。なぜならその人は、手話という言語を通して世界の見方を学び、手話を前提とした文化の中で自分を形成してきたからです。

ある人の体は、その人がその体とともに過ごした時間によって作られています。与えられた条件のなかで、この体とうまくやるにはどうすればいいのか。そんな「この体とつきあうノウハウ」こそが、その人の感じ方や考え方とダイレクトに結びついています。

だとすれば、魔法の薬によって、一瞬で障害が消えるとしたらどうでしょう。確かにわずらわしさから解放されるのかもしれない。けれどもそれは、その体とともに生きてきた時間をリセットすることになる。それは限りなく、自分の体を否定することと同義です。

＊＊＊

本書は、このような時間的な蓄積として身体のアイデンティティが形成されていくさまを、一一のケースを通して描き出そうとしたものです。扱っている障害はさまざまですが、それらに共通しているのは、「その体らしさ」と記憶の関係をめぐる問いです。

ただし、誤解しないで欲しいのは、「過去の記憶こそすべてだ！」と言いたいというわけではない、ということです。

つまり、先の「究極の問い」になぞらえて言えば、本書は「薬を飲むな！」と主張したいわけではありません。「薬を飲む」という可能性もあっていい。現に、吃音に関してはありえないとしても、他の障害に関しては、そのような選択をしている当事者もいます。

体の記憶は、たらいに雨水が溜まるように、自動的に蓄積されていくものではありません。もちろん体には、思い通りにならない、まさに雨のようにただ黙って眺めるしかない部分もあります。障害の状態が変化したり、病気にかかったりするプロセスは、多かれ少なかれそうしたものです。

けれども、私たちは同時に、自分の体に対して介入することもできます。試行錯誤の末に何かの工夫を見つけることもあるでしょうし、他の誰かの力を借りて自分の体の可能性を発掘することもあるでしょう。

つまり、体の記憶とは、二つの作用が絡み合ってできるものなのです。一つは、ただ黙って眺めるしかない「自然」の作用の結果としての側面。もう一つは、意識的な介入によってもたらされる「人為」の結果としての側面です。

このうち「人為」の側面に関しては、その人の性格や趣味、職業といった個人的な条件のみならず、その人が生まれた時代や、そのときの社会的状況によっても大きく左右されます。なぜなら、自分の体にどのように介入するかは、その人が利用しえた科学技術の水準と密接な関係があるからです。

たとえばエピソード7でとりあげた川村さんの物語は、現時点での筋電義手の技術的水準と普及状況を背景にしたものです。いま、筋電義手は、3Dプリンティング等の技術の発達に後押しされて、これまでより格段に安く手に入るようになりつつあります。川村さんの世代は、いわば、筋電義手第一世代になる可能性のある人たちです。

川村さんのような筋電義手第一世代は、筋電義手がない状態で成立している体がどのようなものかを知っています。つまり、本文で分析したように「両手という感覚がない体」を生きた経験を持っている。

けれども、次の世代は、物心つくかつかないかの頃から筋電義手を使って生活するようになる可能性があります。いわば「筋電義手ネイチャー」です。まだ少数ですが、すでに筋電義手をつけて生活している子供も存在します。

そのような世代にとっては、「義手と自分の手から成る両手」の感覚が当たり前になるかもしれず、そうなれば上の世代と「ジェネレーションギャップ」が生じることになるでしょう。もっとも、成長した「筋電義手ネイチャー」の子供たちが、親にあてがわれた筋電義手を嫌って、義手なしで片手で生きるという選択をする可能性もあります。

筋電義手以外にも、ＶＲ技術や、人工内耳、遺伝子治療、出生前判断など、私たちの体をとりまく科学技術は日々進歩しています。そして、それに伴って、私たちが自分や家族の体に対して介入しうる「人為」の領域は増大しています。

もっとも、技術があるといつしか使うことが当たり前になり、「使わない」という選択をすることがかえって難しくなるのも世の常です。人間の体に徹底的に介入して、その能力をエンハンスし、体をサイボーグ化していくことが、結果として本人の幸福につながるのかどうかは、また別の問題として考えなくてはなりません。

いずれにせよ、どの時代、どの社会状況にも、それに応じた選択肢の幅があり、それぞれの人がそこから何らかの選択をして、自らの体を作り上げていく。この事実は、いかに科学技術が発達したとしても、変わりません。

その選択の中には、当然、「記憶をリセットする」ということもありえるでしょう。

人生の途中で筋電義手を使うことはそのような意味を持っていますし、エピソード９のチョンさんのように、健康だったときの体の記憶から離れることによって、今の体を生きられるようになった人もいます。エピソード11の大城さんの場合には、そもそも選択していないのに記憶が失われていく体とどう関わるか、といったことが課題になっています。

そうした切断や喪失を含め、自然と人為が混じり合う記憶の場として、体を語ること。それが本書の目的でした。

繰り返しになりますが、必ずしも、記憶の蓄積が大事だ！　と言いたいわけではありません。むしろ、現にさまざまな当事者の体で起こっている、自然と人為のさまざまな混じり合いについて記述することが狙いです。

それゆえ、本書は多分に、「二一世紀初頭の、日本の科学技術の状況を背景にした、体の記録」になっている可能性があります。

もしかすると、三〇年後の人類がこの本を読んだら、まるで白黒テレビでも見るかのように、ノスタルジーを感じるのかもしれません。「へえ、三〇年前の人類の体には、こういう感覚があったのだなあ！」。これは、本書がいつか考古学的な資料として読まれる可能性です。

身体の考古学なるものがあるとすれば、いつかそのような視点で読まれることは、著者にとってはこの上なく悦ばしいことです。そしてできることなら、単なる「過去の一時点における体の記録」としてではなく、「賢者たちの知恵の書」として読まれたい。つまり未来のその時代を生きる体たちにとって、何らかの手がかりや道筋を示す書物になっていたらいいな、と思います。

なぜなら、どんなに科学技術が発達したとしても、思い通りにならないことと、人為的に介入しうることの間で、人類は悩み、そして発見し続けるだろうからです。条件は変わるだろうけれど、問いとしては同じ。それが体を持つ者の宿命だからです。

＊　＊　＊

本書は、二〇一七年二月から二年間にわたって、春秋社のウェブマガジンにて隔月で連載されていた原稿がもとになっています。エピソード1からエピソード10までは、連載時の原稿を大幅に加筆したもの。エピソード11、プロローグ、エピローグは、本書のための書き下ろしです。

まず、私のインタビューに快く応じてくださり、各エピソードの主役になってくださった一二名の方に、最大級の感謝を述べたいと思います。西島玲那さん、井上浩一さん、大前光市さん、かんばらけんたさん、中瀬恵里さん、木下知威さん、倉澤奈津子さん、川村綾人さん、森一也さん、チョン・ヒョナンさん、柳川太希さん、大城勝史さん。みなさんがご自身との体との関わり方について言葉にしてくれることがなければ、本書の記憶をめぐる探求は、一歩たりとも進むことがありませんでした。記して感謝申し上げます。

そして、本書が二一世紀初頭の人類の身体の記録でしかないように、本書に記した内容は、当事者のみなさんの人生のある時点での記録にすぎません。すでに、ここに記したときの状態とは変わっている、という方もいらっしゃるかもしれません。ぜひ、今後のみなさんの変化についても、可能な範囲で教えていただければ幸いです。そして、読者のみなさんは、これが一時点の記録にすぎないことを差し引いて読んでいただけると嬉しいです。

そして連載当時から本書の完成まで並走してくださった、春秋社編集部の篠田里香さんにも、心からお礼の言葉を述べたいと思います。篠田さんは、焚き火の達人のような人でした。考え、そして書くという、ちょっとしたさじ加減で勢いづいたり、逆に勢いを失ったりする営みを、どうやったら赤々と燃やし続けることができるか。篠田さんは火をコントロールするすべを熟知していて、適切なタイミングで風を送ったり、薪をくべたり、ときに一緒になって燃えてくれたりしました。書籍用の原稿を仕上げるときには、篠田さんの力強い言葉が欲しくて、原稿を小出しに送ってしまったほどでした。

それから、本書のために素晴らしい絵を提供してくださった坂口恭平さんと、装丁を担当してくださった野津明子さん。自分の体から生まれた思考が、最終的にカバーの絵と出会う瞬間は、毎回、なんだか背中に彫り物を入れられたような気分になります。他人からもらったものを背負って生きていく。もう戻れないというドキドキ感と、お守りをもらった安堵感の中で、言葉に本という形を与えてくださったことに感謝いたします。

そのほか、ここには記しきれない多くの人たちの力添えがあって、本書を世に送り出すことができました。ありがとうございました。

二〇一九年夏　リスとウサギが飛び跳ねる緑いっぱいのボストンにて

伊藤亜紗

著者紹介

伊藤亜紗（いとう・あさ）

東京科学大学未来社会創成研究院／リベラルアーツ研究教育院教授。マサチューセッツ工科大学（MIT）客員研究員（2019年）。専門は美学、現代アート。もともと生物学者を目指していたが、大学3年次より文転。東京大学大学院人文社会系研究科美学芸術学専門分野博士課程修了（文学博士）。

主な著作に『目の見えない人は世界をどう見ているのか』（光文社）、『目の見えないアスリートの身体論』（潮出版社）、『どもる体』（医学書院）、『情報環世界』（共著、NTT出版）、『手の倫理』（講談社）、『ヴァレリー芸術と身体の哲学』（講談社学術文庫）がある。2020年、池田晶子記念「わたくし、つまりNobody賞」、第42回サントリー学芸賞（社会・風俗部門）受賞。第19回日本学術振興会賞、第19回日本学士院学術奨励賞受賞。趣味はテープ起こし。インタビュー時には気づかなかった声の肌理や感情の動きが伝わってきてゾクゾクします。

記憶する体

2019年 9月30日　初版第1刷発行
2025年 6月15日　　　第12刷発行

著　者＝伊藤亜紗
発行者＝小林公二
発行所＝株式会社　春秋社
〒101-0021　東京都千代田区外神田2-18-6
電話（03）3255-9611（営業）・（03）3255-9614（編集）
振替　00180-6-24861
https://www.shunjusha.co.jp/
印刷・製本＝萩原印刷株式会社
装　丁＝野津明子
カバー絵＝坂口恭平「Dig-ital#2」2007年

ISBN 978-4-393-33373-0　C0010
定価はカバー等に表示してあります